MINZU
XIGUANFA DE
JINGJIFENXI

民族习惯法的经济分析

◎ 游志能／著

中央民族大学出版社
China Minzu University Press

图书在版编目（CIP）数据

民族习惯法的经济分析/游志能著．—北京：中央民族大学出版社，2011.9

ISBN 978－7－5660－0048－4

Ⅰ.①民…　Ⅱ.①游…　Ⅲ.①少数民族—习惯法—经济分析—中国　Ⅳ.①D922.154

中国版本图书馆CIP数据核字（2011）第178447号

民族习惯法的经济分析

作　　者　游志能
责任编辑　黄修义
封面设计　布拉格
出 版 者　中央民族大学出版社
　　　　　北京市海淀区中关村南大街27号　邮编：100081
　　　　　电话：68472815（发行部）传真：68932751（发行部）
　　　　　　　　68932218（总编室）　　　　68932447（办公室）
发 行 者　全国各地新华书店
印 刷 厂　北京宏伟双华印刷有限公司
开　　本　880×1230（毫米）　1/32　印张：8.5
字　　数　212千字
版　　次　2011年9月第1版　2011年9月第1次印刷
书　　号　ISBN 978－7－5660－0048－4
定　　价　24.00元

总　序

“民族法理论探索”丛书是中央民族大学“985 工程”中国当代民族问题战略研究哲学社会科学创新基地民族法研究中心的主要研究成果，并且由国家“985 工程”专项经费资助出版。我们立足于将民族法学的基础理论与当前国家关于民族问题的相关立法、民族政策以及民族地区社会主义法制建设实际相联系，既注重理论的丰富与发展，也关注民族地区法制建设实际。在研究过程中，我们邀请了国内民族法学界较有影响的专家学者共同开展项目研究。

国内民族法理论研究已有二十余年，有了一定的学术积累，产生了一批有影响的成果，也形成了一支专业学术队伍。中国已经建立起具有中国特色的民族区域自治法律制度和民族区域自治理论体系。目前我们面临着在全球化、现代化背景下如何应对发展与创新的挑战，如何应对全球化和城市化进程中出现的新问题，如何结合形势发展，实现我国民族区域自治理论研究的与时俱进，如何通过推出高水平的研究成果，为国家民族法制建设提供政策咨询意见，如何通过研究和交流，增进世界各国对中国民族政策和民族法制建设的了解，这既是民族法研究中心的重要任务，也是本丛书的基本价值取向。

本套丛书主要涉及如下研究方向：（一）民族区域自治法的实践与民族区域自治制度创新研究，主要内容包括：西部大开发与民族地区经济法制建设，民族自治地方刑事法律制度研究，民族自治地方财政法制建设研究，民族自治地方环境资源法制研究，广西瑶族地区的自治制度研究，民族经济法律制度研究，俄罗斯民族文化自治与人权保障，自治条例和单行条例研究；（二）中国少数民族自治历史研究，主要内容包括：中国古代至清代少数民族"自治"研究，近代少数民族"自治"研究，新中国成立以后民族区域自治制度的历史发展研究；（三）少数民族权益保障研究，主要内容包括：少数民族权益保障基础理论研究，以及民族教育、少数民族文化保护和对少数民族权利的司法保护等具体的少数民族权益保障研究。

长期以来，中央民族大学一直以研究民族问题见长，但是，如何使学科优势转化为社会经济效益，将中央民族大学建设成为世界一流的民族大学，成为促进我国各项民族事业发展的重要理论研究基地以及党和国家民族问题决策的思想库，通过改革管理体制和运行机制做到资源整合、学科整合、人才整合、项目整合，提升科研创新能力和核心竞争力，依然需要更多的投入和更多的努力。

中央民族大学有着良好的学术传统，深厚的人文底蕴，在国内外有广泛的学术影响，应当肩负起中国民族法学的教学、科研重任，应当支撑起民族法学学科在中国法学学科中的应有地位，并在国际人权（特别是少数人权利保障）、国际上民族纠纷的法律解决机制、民族区域自治与其他类型自治的比较研究等方面展开积极的对话，为我国党和政府正确处理国内民族问题提供切合国情的理论依据和有益借鉴。中央民族大学法学院在未来几年内将具备更加良好的办学条件，形成一支结构合理、教学科研力量雄厚的师资队伍，培养出一批民族法制理论研究和应用的高级人才，为推进民族法理论建设做出应有贡献。

在研究方法上，本丛书力图将人类学（民族学）的田野调查、社会学定量分析等社会科学研究方法与法学的规范实证分析方法相结合，充分发挥我校人类学、民族学和社会学研究的优良传统，并将其相关研究成果应用到法学研究上，既注重田野调查第一手材料的搜集，也加强从法学角度对人类学（民族学）田野调查材料进行分析，力图使本丛书的研究建立在坚实而丰富的资料基础上，做到立足于中国实际，理论与实际相结合。

本丛书在当前和今后一个时期具有广阔的应用前景。第一，力求探索一条适合我国国情的坚持和完善我国民族区域自治与少数民族权益保障制度的道路，为解决中国当前民族工作面临的各种问题做出理论尝试，而这对各民族长期的、稳定的、可持续的发展，促进民族团结、维护国家统一具有重要的意义。第二，有助于向世界展示我国各少数民族在社会主义现代化建设中政治、经济、生活方面的成就；展示我国各少数民族所享有的权利和自由；展示我国党和政府为促进少数民族发展与保障人权方面所做的努力，使外国人民，尤其是相关领域的专家学者和国际组织了解中国包括少数民族在内的人权的真实状况，有力回击某些西方国家的无端攻击。第三，有利于加强民族法学学科的自身建设，培养造就一支有较高理论素养、较强科研能力和敬业精神的科学研究队伍，并将形成广泛的国际国内学术联系，能持续地为国家输送高质量人才，以及为国家和政府各部门提供决策和咨询服务等，其效益、持续力是广泛久远的。第四，本丛书努力突出理论和需求的适应性，其对民族区域自治与少数民族权益保障等重大现实问题的研究，将直接为立法、司法、执法部门提供决策咨询服务，提供参考意见和材料。第五，通过本丛书的出版和发行，整合有利资源，突出学科优势，提升学科的核心竞争力，同时强化基础设施建设和办学条件的改善，使我校学生能够将强烈的使命感、对民族问题研究的浓厚兴趣与自身的学术功底相结合，为我国各民族的共同繁荣提供法律人才保证和智力支持。

徐中起

2008年5月

内容摘要

经济分析法学自产生以来，在全世界产生了广泛的影响。相关学者不仅将它运用到部门法的分析中去，还逐步将它运用到非市场行为分析中去，试图在各种不同的领域发现经济理性的作用形式。本书运用这一理论，对民族习惯法进行研究，力图发现隐含其中的经济理性。

本书的第一章对“民族习惯法中的交易成本”问题进行了分析。交易成本是经济分析法学的核心概念之一。经济分析法学的研究表明，交易成本广泛存在于社会生活之中。各种制度发展的一个重要目的就是降低交易成本。本章第一节对交易成本的基本理论做了简要的介绍。第二节对沉默交易、礼物交换进行了分析，主要分析这些具体制度中存在些什么样的交易成本，以及该制度和其他可选择的制度相比较存在哪些交易成本上的优势。

第二章主要论述了“信息成本与制度选择”问题。在技术条件落后的初民社会，发现事实、保存信息、传递信息都需要较高的成本。在有些情况下，信息费用较高，但是我们无法避开。这时，我们要通过制度选择来适应这种情况，如案件真相难以调查清楚时选择严格责任制或者神判。有时候，我们可以想办法以更便捷的方式获取有用的信息，比如通过年龄区分、性别区分来区分不同群体的基本劳动能力，通过个人在日常生活中的表现来承认他的领袖地位。

第三章的主要内容是“赔命价”制度中的成本问题。第一节中，笔者就“赔命价”产生的经济合理性进行了分析，从血亲复仇到“赔命价”的制度变迁过程着手，分析了血亲复仇潜藏的机会成本、沉没成本。通过本节的研究，说明从血亲复仇到“赔命价”的制度变迁，是一种有利于节约社会成本的进步。第二节对藏族“赔命价”的制度变迁进行了分析。说明藏族“赔命价”制度在变迁过程中通过减少案件类型有效降低了交易成本，使得双方当事人更容易就赔偿标准达成一致意见。第三节重点分析了青海藏族“赔命价”的经济意义。通过分析，证明“赔命价”是对致害人家庭的严厉惩罚，可以起到威慑潜在犯罪者的作用；另一方面，“赔命价”最终由受害人家庭、受害人亲属及部落头领、宗教人士共同分享了，受害人家庭只得到命价中很少的一部分。这和当地的社会结构有着密切的关系，曾经是合理的。但是，随着社会的发展，其中一些做法在现代社会已经明显不合理。要想较好地解决“赔命价”与国家法的冲突，就应重视“赔命价”制度中存在的合理性因素。

第四章关注的是“民族习惯法中的效率”问题。初民社会充满各种危险，其中最大的问题就是食物短缺。所有的人都面临着巨大的生存压力，必须在现有的条件下想尽一切办法来提高生产效率，以赢得更多的生存机会。第一节对集体狩猎与刀耕火种两种制度进行了研究。通过研究，认为这两种制度都能在一定程度上产生规模经济效应，提高劳动生产率，获得更多的生活资料。第二节对纠纷处理效率问题进行研究。通过研究，证明在少数民族地区，依习惯法调解纠纷，相对于通过国家法诉讼而言，通常能更快的达成纠纷处理的一致意见、有效的降低调解成本（如交通费用、诉讼代理费等）和执行成本（很少有执行难问题）。

第五章对“民族习惯法中的风险分摊”问题进行研究。初民社会充满各种危险，除了食物短缺，还有野兽的袭击、自然灾害、血亲复仇等，每一种风险都可能置人于死地。因此，必须在一定范围内分摊风险，创造相对稳定的生存环境。第一节对初民社会中的食物分享和共耕制的研究，说明这两项制度实际上有效地分摊了初民社会中食物短缺、生产缺乏保障的风险。第二节对初民社会中刑事赔偿集体责任制度的研究，说明该项制度能有效地减少因小家庭无法承担赔偿责任而引起新的更大纠纷的可能，降低了血亲复仇和械斗的风险。

本书的主要观点可以归纳为：在一定的资源禀赋和技术条件下，如何降低成本、提高效率在制度的形成与变化过程中有重要影响，发现其中的规律性问题对于解释少数民族习惯法具有一定的理论意义。

ABSTRACT

From the produce of the Economic Analysis of Law in 1960s, it has gotten wide-ranging implications all over the world. It has not only been widely used to analyze the department laws, but also used to analyze the non-market behaviors. The scholars try to find the economic rationality in different kinds of areas. The article tries to put the theory into the analysis of the Minorities' Customary Law in order to find the implicit economic rationality in them.

Chapter Ⅰ concerns the transaction cost in Minorities' Customary Law. Section I was an introduction to the Economic Analysis of Law. Ronald Coase firstly proposed the concept named transaction cost in 1937. He published another important article *The Problem of Social Cost* in 1960. Then the concept soon became one of the most important concepts of Economic Analysis of Law. It has been proved that transaction cost exists in daily life everywhere. One of the most important aims developing all kinds of systems is to reduce the transaction cost. Section II tries to explain the cost in silent trade and the gift exchange by comparison with the potential choices to find the advantages of them.

Chapter Ⅱ concerns the information cost and the system choice according to it. The primitive society was technology backward, to find, protect and send the messages all cost too much. In order to adapt to the situation, the people created the systems. Sometimes they had to adapt to the high information cost, they created the strict liability system and god-judge system and so on. Sometimes they tried to find some information conveniently through their daily life experience. They distinguished the people by their age, gender, and their daily performance and so on.

Chapter Ⅲ concerns the cost of the Peimingjia system of the Tibetans. Section I, I studied the cost of blood revenge system, such as the opportunity cost and sunk cost. On the contrary, the Peimingjia system can avoid the costs effectively. So it is a great progress to save the social cost. Section II I analyze the system changes of the Peimingjia system. By analyzing the 3 key changes in the history, I find that they all aims to reduce the transaction cost by reducing the type of cases. Section III I studied the economic significance of the compensation to the three parties of the Peimingjia system. To the one who did the harm, it is a severe punishment, if it takes the most part of the wealth belonging to his family. To the victim, it is a mixture of spirit compensation and material compensation. His close families get the less half; his tribe shares some; the rest was presented to the temple to afford to salvage the dead. It was connected to the social structure and reasonable once.

But with the development of the world, it is not reasonable anymore. If we want to resolve the conflict between the State Law and the Minorities' Customary Law, we have to pay our attention to the reasonable factors.

Chapter Ⅳ concerns the efficiency in the primitive society. We once thought they lived an inefficient life. After the study, I found that the primitive society was full of risks, they were lack of foods, and they were threatened by different kinds of disasters. They had to work more efficiently, if not, they could not survive. They were nothing except in the collective. They haunt collectively, they slash and born together, in order to be more efficient, it was a way to take out the economics of scale. In the mediation of the disputes, the Minorities' Customary Law is more efficient than the State Law. It can save the time, negotiation costs and the implementation costs.

Chapter Ⅴ concerns the risk-spreading in the primitive society. Now that they were in very dangerous situation, they had to spread out the danger to be safe. Usually they shared their foods in their tribe, in order to avoid the risk sometimes they can not haunt the animals or get the wild fruits timely. They took the compensation to the victim together, if the one who did the harm can not afford it by his family. Because they were a collective, they created the wealth for the collective; they were the most important wealth of the collective. But they would kill a recidivist who made the loss once and once again, he was the bigger risk.

In a word, when the resource was limited and technique was

backward, how to reduce the costs and how to work more efficiently were very important. It had a significant influence on the formation and change of their systems. To find out the regulation in the rules is helpful to understand and explain the Minorities' Customary Law.

目　录

导　　论

一、选题意义

孟德斯鸠认为：“法律应该和国家的自然状态有关系；和寒、热、温的气候有关系；和土地的质量、形式和面积有关系；和农、猎、牧各种人民的生活方式有关系。法律应该和政制所能容忍的自由程度有关系，和居民的宗教、性癖、财富、人口、贸易、风俗、习惯相适应。”① 这也就是说，法律和当地居民的具体生活条件、生活方式有着密切的关系。这是现在法学界论法与习惯、法与社会的关系时最常被引用的论断之一。然而，我们更为熟悉的是马克思主义的法学起源学说。新中国成立以后的很长一段时间里，我国法学界普遍认为，法是上升为国家意志的统治阶级的意志，法是随着阶级的产生而产生的。法是阶级社会产物的观点，至今仍是我国法理学方面的重要观点。

20 世纪 80 年代以来，不断有学者投入到习惯法的研究中来。国内学界对包括少数民族习惯法在内的习惯法进行了许多研究，并取得了一些重要的成果。有学者认为：“习惯法，尤其是少数

---

① 【法】孟德斯鸠著，张雁深译：《论法的精神》（上册），商务印书馆 1982 年版，第 7 页。

民族习惯法的研究对于丰富法理学有关法律进化发展的理论具有重要的意义，尤其是对更具体的了解法律如何从不成文法向成文法过渡具有重要意义。”① 在目前的习惯法研究中，少数民族习惯法是其中最重要的组成部分之一。这与我国存在丰富的少数民族文化，包括法律文化的现状是密切相关的。丰富的民族习惯法内容不是仅用落后两个字就可以概括的，民族习惯法的存在与发展也不能简单地用阶级统治的工具来笼统概括。近些年来，一些民族法学者、法制史学者已经开始关注民族习惯法中的合理性因素，并在此基础上提出了少数民族习惯法原创智慧的说法。他们进一步提出民族习惯法中的原创智慧可以为现代社会的法律发展提供一些有益的参考与借鉴。

目前民族法学界正在积极引入新的理论分析框架对民族习惯法进行研究。经济分析法学自产生以来，表现出强大的生命力和解释力。本书的主要目的就在于将法律经济学分析引入到民族习惯法的分析中来。本书着重关注经济因素在民族习惯法发展过程中的作用，试图从不同社会发展阶段民族习惯法的发展脉络中寻找出一些经济因素的影响，研究民族习惯法中的经济理性。

总体而言，本书的选题对于拓展法律经济学的研究领域有着重要意义；对于促进民族法学的发展，推进民族习惯法的研究有着重要的意义。当然，由于水平有限，只能尽自己所能做出微薄贡献。

---

① 徐中起等主编：《少数民族习惯法研究》，云南大学出版社 1998 年版，序第 3 页。

二、相关研究动态

（一）国外研究动态

法律经济学作为一门新兴交叉学科，自上世纪60年代以来开始在美国兴起。法律经济学的核心思想是“成本效益分析”，认为所有的法律活动和全部法律制度都应当以有效地利用经济资源，最大程度地增加社会财富为目的。[①] 法律经济学自产生以来大致经历了三个阶段的发展，即20世纪60年代是其初创阶段、70年代是其成长阶段、80年代至今则是其主要发展阶段。[②] 该学科目前已经在西方世界形成广泛影响，其研究范围几乎涵盖全部的法学领域，逐渐在立法乃至司法方面产生重大影响。

随着一系列的法律经济学专著及教材在国内的翻译出版，这一学科在中国也逐渐产生影响。目前，国内学界主要将法律经济学理论运用于国家制定法的分析，尤其是对部门法的分析。这些研究已经取得一些重要的成果。近些年，国内外开始有学者尝试运用法律经济学的理论来分析“初民社会”

---

① 徐爱国、李桂林、郭义贵：《西方法律思想史》，北京大学出版社2002年版，第394页。

② 尽管科斯在1937年发表的《企业的性质》一文中就初步提出了交易成本问题，但对法律经济学的产生和发展具有更大影响的《社会成本问题》发表于1960年。在20世纪60年代，重要的经典文章还有卡里布雷西的《关于风险分配和侵权法的一些思考》和A·A·阿尔钦恩的《关于财产权的经济学》。这些文章是法律经济学发展的重要理论基础。因此，学界通常将20世纪60年代视为法律经济学的初创阶段。参见【美】理查德·A·波斯纳著，苏力译：《正义/司法的经济学》，中国政法大学出版社2002年版，中文版译者序言第5页。

的法律。[①] 这些研究对本书所要关注的民族习惯法的经济学分析有着重要的借鉴意义，或者说，这些研究是本书研究最直接的学习对象。

贝克尔认为，“即使是市场以外的人类行为的经济分析也算不上什么标新立异的东西。斯密经常（但不总是）运用这种方法解释政治行为，边沁也清楚他的苦乐原则可以应用于全部人类行为。”[②] 贝克尔进一步指出，“经济学的特点在于，它研究问题的本质，而不是该问题是否具有商业性或物质性。因此，凡是以多种用途为特征的资源稀缺情况下产生的资源分配与选择问题，均可纳入经济学的范围，均可以用经济分析加以研究。”[③] “经济学已经进入第三阶段。在第一阶段，人们认为经济学仅限于研究物质资料的生产和消费结构，仅此而已（即传统市场学）；到了第二阶段，经济理论的范围扩大到全面研究商品现象，即研究货币交换关系；今天，经济研究的领域业已囊括人类的全部行为及与之有关的全部决定。”[④] 贝克尔在扩大经济分析的研究范围方面做出了杰出的贡献。

有学者认为，我们可以在贝卡里亚的《论犯罪与刑罚》

---

① 【美】理查德·A·波斯纳著，苏力译：《正义/司法的经济学》，中国政法大学出版社 2002 年版；高仰光：《论日耳曼法中的赔命价制度》，载《比较法研究》2006 年第 3 期。

② 【美】加里·S·贝克尔著，王业宇、陈琪译：《人类行为的经济分析》，格致出版社 2008 年第 2 版，第 11 页。

③ 【美】加里·S·贝克尔著，王业宇、陈琪译：《人类行为的经济分析》，格致出版社 2008 年第 2 版，第 3 页。

④ 【美】加里·S·贝克尔著，王业宇、陈琪译：《人类行为的经济分析》，格致出版社 2008 年第 2 版，第 3 页。

(1764) 和边沁的《道德与立法原理导论》(1789) 中找到将经济学方法应用到法律分析之中的最初源头。[①] 在分析死刑存废问题时，贝卡里亚初步提出了法律制度和刑法措施的“效用”问题。贝卡里亚提出，“刑罚的目的仅仅在于：阻止罪犯再重新侵害公民，并规诫其他人不要重蹈覆辙。”[②]“只要刑罚的恶果大于犯罪所带来的好处，刑罚就可以收到它的效果。这种大于好处的恶果中应该包含的，一是刑罚的坚定性，二是犯罪既得利益的丧失。”此外，他还提出，“什么是衡量犯罪的真正标尺，即犯罪对社会的危害。这是一条显而易见的真理，尽管认识这类明了的真理并不需要借助于象限仪和放大镜，而且它们的深浅程度都不超出任何中等智力水平的认识范围，但是，由于环境惊人地复杂，能够把握认识这些真理的人，仅仅是各国和各世纪的少数思想家。”[③] 这就是“罪刑均衡原则”的思想源头。但是，正如大家所熟知的那样，该书只是一个“小册子”，对很多思想并没有展开详细的论述。对“罪刑均衡原则”更为详细的论述可以在稍后出版的边沁的《道德与立法原理导论》中找到。

边沁在他的著作中用成本收益方法分析了法律的行为问题，提出了“惩罚与罪过间的比例原则”。《道德与立法原理导论》第十四章专门论述了“惩罚与罪过间的比例”，并就此提出四个规

---

① 【美】斯蒂文·萨维尔著，柯华庆译：《法律的经济分析》，中国政法大学出版社 2009 年版，第 4 页。

② 【意】贝卡里亚著，黄风译：《论犯罪与刑罚》，中国大百科全书出版社 1993 年版，第 42 页。

③ 【意】贝卡里亚著，黄风译：《论犯罪与刑罚》，中国大百科全书出版社 1993 年版，第 67 页。

则。“规则一：超过罪过的得益。”[①] 边沁在此还引用了贝卡里亚的一句话，“惩罚之值在任何情况下，皆须不小于足以超过罪过收益之值。”对其中的“收益”一词，他在注释中说：“罪过的收益应理解为不仅是钱财收益，而且是一个人从促使他犯罪的欲望得到满足当中获得或期望获得的快乐或裨益，不管是哪种。”[②]“规则二：惩罚大罪宁重勿轻。”“规则三：使人宁愿去犯两项罪过中那项较小的。”“规则四：每份损害皆须惩罚。”[③] 边沁从功利主义基本原理出发，认为人的一切行为都可以用追求“幸福”最大化来解释。在他的论著中也体现出了很多现在经济学所说的“效用”思想的影子。“边沁相当详细地讨论了制裁的概率与力度对于犯罪的威慑作用；只有当制裁能够有效威慑犯罪时才应加以使用，而在制裁不能威慑时就应该放弃使用。”[④] 边沁的《道德与立法原理导论》对后来的立法和监狱改革都产生了重要影响。

但是，边沁的著作也有着明显的缺陷。“虽然边沁明确指出苦乐原则适用于我们一切言行，但他的主要兴趣在于‘应该’做什么——他是一个首开先河的改革家，但并没有发展一套关于人类实际行为的可以验证的理论。因为他没有坚持偏好稳定的假设，所以他经常陷入空洞的说教，他的兴趣乃是致力于他的原则

---

① 【英】边沁著，时殷弘译：《道德与立法原理导论》，商务印书馆 2006 年版，第 225 页。

② 【英】边沁著，时殷弘译：《道德与立法原理导论》，商务印书馆 2006 年版，第 225 页。

③ 【英】边沁著，时殷弘译：《道德与立法原理导论》，商务印书馆 2006 年版，第 227—228 页。

④ 【美】斯蒂文·萨维尔著，柯华庆译：《法律的经济分析》，中国政法大学出版社 2009 年版，第 4 页。

与所有行为的吻合，而不是从对行为的约束中得到一些结论。"[①] 比如说，边沁不仅强调人的苦乐，还强调动物的苦乐。但是，有时候这些价值之间是存在冲突的。例如，人想吃肉，能从肉食中获得满足。相应的，动物就有苦，因为那会危及它们的生命。到底是人从肉食中获得的满足更大呢，还是动物所面临的苦更大呢？两者相冲突，要怎样从道理上获得解释呢？边沁并没有关注这一问题，因为很多时候他并没有想要获得圆满的论证。这也是后来的法律经济学者必须面对的一个难题——用什么来做衡量标准？波斯纳提出"效用最大化"，遭到了很多的批评。于是，又有人提出"福利最大化"。但是，这一问题仍然没有得到最终解决。今后的法律经济学的发展仍然要面对这个难题。

此外，值得一提的是，边沁不仅是西方法律思想史上的重要人物，也是经济学思想史上的重要人物。边沁本人就是古典经济学派的代表人物之一，他的效用最大化思想是后来诸多经济学家，包括李嘉图、约翰·斯图亚特·穆勒，特别是威廉·斯坦利·杰文斯的经济学体系的基础。"效用最大化概念假设每个人都会比较从一系列产品中所得到的满意程度和边际效用递减。它是功利主义需求理论的核心。它假设人们是完全理性的，并且能够进行精密地计算。劳动被认为是'痛苦的'，因此需要'补偿'。为了达到最大幸福，人们会工作到他们所得的边际效用与其劳动的边际负效用相等的小时数。企业家在决定产出数量的时

---

① 【美】加里·S·贝克尔著，王业宇、陈琪译：《人类行为的经济分析》，格致出版社2008年第2版，第12页。

候，会通过比较收入与成本尽力最大化他们的利润（效用）。”[①]直至今天，仍然“很少有经济学家会否认，强调通过比较成本与收益进行理性选择的许多现代经济学思想都深深植根于边沁所提出的人类行为概念”[②]。也许，边沁的这种特殊的学术思想和学术身份已经暗示，法律与经济学自有其相通之处，只是还有待于人们进一步研究和发现。

庞德在《法律史解释》中列了专章来论述“经济学解释”[③]。庞德指出：“人们为所有法律现象探寻一种单一的终极原因的最后一个方面，便是从人种学和生物学转向了经济学，亦即诸多不同的哲学道路最终都汇聚到一起的那个方面。”[④] 庞德认为，经济学解释始于19世纪50年代。马克思把黑格尔的辩证法适用于英国的政治经济学、法国大革命时期法国历史学家的各种理论，以及他本人有关无产阶级运动的经验中，为人们认识历史提供了一种新的方法。对于马克思的经济分析，贝克尔说：“马克思及其追随者运用所谓‘经济决定论’研究市场行为、政治、婚姻和其他非市场行为，但是，马克思主义的这种分析把生产组织看成社会和政治结构中的决定因素，它更强调物质产品、生产过程和结果，资产阶级同工人阶级的矛盾，一个阶级对另一个阶级的普遍

① 【美】斯坦利·L·布鲁著，焦国华、韩红译：《经济思想史》，机械工业出版社2005年版，第96页。

② 【美】斯坦利·L·布鲁著，焦国华、韩红译：《经济思想史》，机械工业出版社2005年版，第96页。

③ 【美】罗斯科·庞德著，邓正来译：《法律史解释》，中国法制出版社2002年版，第5章。

④ 【美】罗斯科·庞德著，邓正来译：《法律史解释》，中国法制出版社2002年版，第135页。

压迫……而且，马克思主义者像边沁主义一样偏重应该如何，那种将诸多论证的内容与所有事件相吻合的努力使其许多预见性的分析流于空泛。”[①] 这与庞德所说的马克思的经济分析过于抽象的意思是一致的，只是表述方式不一样而已。

庞德认为，恩格斯于 1885 年写成的《家庭、私有制和国家的起源》有重要的阶段性意义。庞德将其视为经济学解释新阶段的开始。以此为界限，将经济学解释分为唯心主义解释阶段和实证主义解释阶段。庞德认为，马克思关于法律的经济学解释是根据与事物表象相对的客观实在以及与偶然性相对的实质性概念来分析各种问题，把检验建构历史的倾向以及认为事实无关紧要而无视它们的倾向融进了经济学解释之中；恩格斯则用具体的经济观念、有关人类具体需要或要求的辩证法取代了有关抽象自由的辩证法，并由此进入实证主义阶段。在此基础上，庞德将法律和法律史的经济学解释分为三种类型：唯心主义形式、机械社会学形式和机械分析形式。庞德在同一章中指出，所谓的“唯心主义形式”，就是形而上学的解释，是一种概念式的论述，缺乏相关的实证研究，这一缺陷由于恩格斯的研究而得到了有效的弥补。当时的法律经济分析认为，不仅法律的发展进程是不可避免的，而且法官、法学家和立法者也只不过是占据支配地位的社会阶级利益的代言人而已——而不论他们是有意识的还是无意识的。庞德认为，尽管经济学解释的倡导者有过分夸大经济基础在法律发展过程中决定地位的成分，但是就此而否定经济学解释则是错误

① 【美】加里·S·贝克尔著，王业宇、陈琪译：《人类行为的经济分析》，格致出版社 2008 年第 2 版，第 12 页。

的，并指出“如果人们认识不到来自具有共同经济利益的群体所产生的那种有组织的压力乃是对制定法典中许多事情的唯一的解释的话，那么他们便无法对19世纪的立法进行考察”①。虽然庞德将马克思的相关论述称为“唯心主义形式”的解释，但是他自己的论述却基本上是在马克思所说的“经济基础决定上层建筑”这一意义上来开展他的法律史的“经济学解释”的。

我们现在所说的法律经济分析则是在科斯于1960年发表《社会成本问题》一文以后，才找到了适当的分析工具。“科斯的《社会成本问题》从讨论外部性问题入手，通过对一些法律案例的分析，揭示出外部性的存在并不一定就是政府对经济进行干预的理由，他强调应当以交易费用的高低作为制度选择的标准。斯蒂格勒把文中表达的思想命名为‘科斯定理’，并进行系统阐述。科斯本人则把‘科斯定理’看做是进一步分析正交易费用经济世界的‘垫脚石’。科斯证明，当人们从一个交易费用为零的体制转向一个交易费用为正值的体制，法律制度的至关重要性就会立即变得明显起来。科斯不仅在理论上证明了对法律进行分析的重要性，更为重要的是科斯在方法论上展示了对法律进行分析的方法。即坚持理性选择的成本—收益比较方法，以交易成本为基础对法律制度进行实证分析，而不是进行抽象的概念推演。交易成本分析方法因此成为法律经济学的基础分析方法。也正是因为其方法论上的贡献，《社会成本问题》成为现代法经济学诞生的奠基文献。”② 斯蒂格勒第一次从科斯的经典论文中总结出“科斯定

---

① 【美】罗斯科·庞德著，邓正来译：《法律史解释》，中国法制出版社2002年版，第166—167页。

② 周林彬、董淳锷：《法律经济学》，湖南人民出版社2008年版，第32页。

理”这一表述，但是，科斯本人对斯蒂格勒的解读“科斯定理”却表示了异议，“斯蒂格勒关于科斯原理的阐述不同于我在上述论文中表达同样思想的方法”。[①] 但是，科斯开创了法律经济学的新阶段是毫无疑问的。此后的法律经济学分析才开始运用系统的经济学理论，尤其是微观经济学理论对法律制度进行系统的分析。

20 世纪 70 年代以来，随着波斯纳的《法律的经济分析》一书的出版，法律的经济分析开始在美国进入了一个新的阶段。20 世纪 70—80 年代，先后出版了《法律的经济分析》（1973）、沃纳·Z·赫希《法和经济学》（1979）、A·米契尔·波林斯基《法和经济学导论》（1983）、罗伯特·考特和托马斯·尤伦《法和经济学》等重要的法律经济学著作。也正是在这一阶段，法律经济学开始显现出两种不同的研究路径。有学者通过对研究对象、分析工具、核心理论，即研究目的等层面的比较，将法律经济学区分为由科斯开创的“以经济学问题为研究对象，将法律制度作为分析工具，运用新古典经济学理论探究法律体系运转对经济体系运行影响的法和经济学”和由波斯纳为首的“以法律制度和法律问题为研究对象、以经济学（微观经济学和福利经济学）为分析工具、运用新古典经济学研究法律制度的效率的法经济学或法律经济学”[②]。这实际上主要体现了研究者最根本的思维特征，是经济学的思维，还是法学的思维。与此相关的一个问题，就是称呼问题。现在比较常见的有这样几个叫法：Law and Eco-

① 转引自钱弘道著：《经济分析法学》，法律出版社 2003 年版，第 138 页。
② 胡凯、何冰：《法经济学的两条研究路径》，载《求索》，2006 年第 6 期。

nomics—法律与经济学，强调两者之间的关系和相互影响；Economic Analysis of Law—法律的经济分析，强调在法律中经济方法的应用，降低了该学科的地位；Jurisprudence of Economics—经济分析法学，强调法学学派，如分析法学、历史法学等。[①] 在文章中常用的是经济分析法学和法律的经济分析两种称谓，大致是在强调其学科性的时候用前者，在强调分析方法的时候用后者。

尽管波斯纳的《法律的经济分析》是一部结构宏伟的法律经济学著作，并为其赢得了广泛的声誉。但是，不可否认的是该书并没有对法律的经济分析建立一个扎实的理论基础。或者说，该书让所有读者都见到了法律经济学这一宏伟建筑，但是对于其地基（牢固性的基础）的说明则明显不足。为了推广法律经济学研究，在理论上说服那些怀疑者，波斯纳必须回应他们的质疑和挑战。波斯纳在《正义/司法的经济学》（1980）中对法律经济学的理论基础进行了构建，并试图阐明两点：第一，经济学并不等于功利主义，至少不是边沁主义者所主张的“最大多数人的最大幸福”那种功利主义；相反，在某些方面，两者甚至是相对立的。第二，经济学的财富最大化原则是符合正义的，甚至完全可以作为社会乃至法律的伦理和政治基础。[②] 但是，后来的发展情况表明，波斯纳的这一努力最终以失败告终了。甚至在法律经济学阵营内，也有许多学者对其所主张的“财富最大化原则”持批判和

---

① 参见【美】斯蒂文·萨维尔著，柯华庆译：《法律的经济分析》，中国政法大学出版社 2009 年版，代译序第 2 页。

② 【美】理查德·A·波斯纳著，苏力译：《正义/司法的经济学》，中国政法大学出版社 2002 年版，译序第 3 页。

怀疑态度。例如，斯蒂文·萨维尔就主张用“社会福利最大化”来代替波斯纳所说的“财富最大化原则”。

贝克尔指出，“最大化行为、市场均衡和偏好稳定的综合假定及其不折不扣地运用便构成了经济分析的核心”。[①]“经济分析是一种统一的方法，适用于解释全部人类行为，这些行为涉及货币价格或影子价格，重复或零星决策，感情或机械似的目的，富人与穷人，男子与女士，成人与儿童，智者与笨伯，医生与病人，商人与政客，教师与学生等等。”[②]“人类行为不能被条块切割，这种条块分割认为人类行为有时基于最大化，有时不然；有时受稳定的偏好驱使，有时任随意的摆布；有时需要最优的信息积累，有时则没有这种需要。相反，所有人类行为均可以视为某种关系错综复杂的参与者的行为，通过积累适量信息和其他市场投入要素，他们使其源于一组稳定偏好的效用达至最大。”[③] 贝克尔的研究为经济学研究范围扩展至非市场行为作出了杰出的贡献，并因此获得诺贝尔经济学奖。从此，经济学的研究范围开始扩展到非市场行为；与之相关的则是法律经济学的研究范围也随之扩展到非市场行为。波斯纳在《正义/司法的经济学》的引论部分也提出：“尽管经济学研究的传统题目的确是市场中个体和组织的行为，但是，只要对经济学家研究市场的基本分析工作稍加反思，就表明更宽泛的运用经济学是可能的。他们的工具就是

① 【美】加里·S·贝克尔著，王业宇、陈琪译：《人类行为的经济分析》，格致出版社2008年第2版，第8页。

② 【美】加里·S·贝克尔著，王业宇、陈琪译：《人类行为的经济分析》，格致出版社2008年第2版，第11页。

③ 【美】加里·S·贝克尔著，王业宇、陈琪译：《人类行为的经济分析》，格致出版社2008年第2版，第19页。

这样一个假定，即人们都是自己满足度的理性最大化者。”“当人们在市场交易时，我们假定人们仅仅是或主要是理性的，但当他们在生活的其他活动中，在诸如婚姻、诉讼、犯罪、歧视以及隐藏个人信息这些活动中，我们却假定他们不理性，这是否成立？或者说只有现代西方（或西方化的）社会的居民才理性，这成立吗？”① 笔者认为，作者的这种说明方法可以说是反证法，或者说实际上蕴含着“举轻以明重”之意味。在该书第二编中，“作者以经济学为武器从总体上相当全面地解说了初民社会（前国家社会）以及农业社会基本结构以及治理制度和实践的主要方面。”作者在“这一系列分析中不仅解说了一个社会的基本的‘法律制度’或‘准法律制度’是同社会的经济发展水平相联系、是对特定社会条件的调适因此具有语境化的合理性这样一种在我们看来完全是唯物主义的法律观，而且从信息经济学角度切入的分析更为精细且令人信服”。② 信息经济学的角度，也是本书第二章的主要视角。

虽然如此，波斯纳的分析仍然不能避免这样的质疑，尤其是来自人类学家的质疑。人类学家通常会认为，波斯纳的分析范畴是从近代经济学理论中抽象出来的，因此有种族偏见，并且对初民有关其活动和制度的思考方式很粗暴。对此，波斯纳回应说“经济学的解释力是独立于经济活动者的清醒意识的”③。“理性

① 【美】理查德·A·波斯纳著，苏力译：《正义/司法的经济学》，中国政法大学出版社2002年版，第1页。

② 【美】理查德·A·波斯纳著，苏力译：《正义/司法的经济学》，中国政法大学出版社2002年版，译序第4页。

③ 【美】理查德·A·波斯纳著，苏力译：《正义/司法的经济学》，中国政法大学出版社2002年版，第154页。

最大化不应与有目的的计算相混淆。经济学不是一种关于自觉意识的理论。无论选择者的心理状况如何，当行为与理性选择模式一致时，它就是合乎理性的。"[①] 这实际上是说不管个人是否意识到，每个人在日常生活中都自然的遵循着经济理性的行为要求。由此还引出了"形式论"与"实质论"之争。"形式论"认为在人类晚近的"市场社会"实践中，与"生产交换"有关的市场关系可以超越广阔的社会制度，成为一切社会关系的中心原则；"实质论"则认为生产活动与社会制度密不可分，而不是抽象的物质结构。形式论与实质论变成了如下的理论选择："要么选用一个正统经济学的现成模型，尤其是'微观经济学'，这一模型大概能适用于原始社会，并行之有效；要么——假设形式论是站不住脚的——有必要提出一种新的分析方式，更能说明我们研究的这些历史上的社会。"[②] 从这里也就可以看出，波斯纳实际上是"形式论"者，而在萨林斯的《石器时代经济学》中体现的是"实质论"。

然而，即使是"实质论"者，萨林斯也不得不承认，"即使从非常功利的角度来看，特罗布里恩德岛民[③]（与其他民族一样）在时间、精力付出与物质回报之间，显然是卓有成效的；因为如果他们的非理性文化使他们入不敷出，他们就不会成为这种文化

---

① 【美】理查德·A·波斯纳著，蒋兆康译：《法律的经济分析》，中国大百科全书出版社 1997 年版，第 3—4 页。

② 【美】马歇尔·萨林斯著，张经纬、郑少雄、张帆译：《石器时代经济学》，生活·读书·新知三联书店 2009 年版，第 1—2 页。

③ 特罗布里恩岛，新几内亚东端的群岛，马林诺夫斯基在该地进行详细调研后著有《西太平洋上的航海者》，该群岛也因此成为人类学著作中的名岛。

方式的身体力行者了。"[①] 这实际上说明，即便是从一种"实质论"的角度来分析初民社会的生活也将得到这样的结论：他们的生活仍然是富有效率的，是符合理性的。这种理性，就是经济理性。波斯纳也指出："全书（法律的经济分析）只是在以下意义上运用经济学：将经济学看作是一种理性选择理论……也就是以最小可能的资源花费来达就预期目标的理性选择，从而将省下的资源用于经济系统的其他领域。"[②] 这其实说明了，萨林斯的"实质论"与波斯纳的"形式论"之间存在衔接的可能。

法律经济学运动从一开始就受到来自传统的政治、法律、伦理哲学的抨击，认为法律经济学以效率替代正义（公正），是一种粗鄙的功利主义，是不道德的，而且也是不现实的。[③] 虽然法律经济学运动受到了各种各样的批判，但是这些似乎都没有影响它的发展与扩大。到了 20 世纪 80 年代，法律经济学就席卷了美国法学院和法律实务界，甚至当年的批判者也不得不感叹，这几乎是当今美国唯一的法学流派了。[④] 这充分说明了法律经济学的强大生命力。

综上所述，我们在理解法律的经济分析的时候，不能简单地将"经济"理解为现代经济学上所说的追求利润最大化的"经

① 【美】马歇尔·萨林斯著，张经纬、郑少雄、张帆译：《石器时代经济学》，生活·读书·新知三联书店 2009 年版，新版前言，第 6 页。

② 【美】理查德·A·波斯纳著，苏力译：《正义/司法的经济学》，中国政法大学出版社 2002 年版，中文版作者序言，第 1 页。

③ 【美】理查德·A·波斯纳著，苏力译：《正义/司法的经济学》，中国政法大学出版社 2002 年版，译序第 2 页。

④ 【美】理查德·A·波斯纳著，苏力译：《正义/司法的经济学》，中国政法大学出版社 2002 年版，译序第 3—4 页。

济”。本书所说的民族习惯法的经济分析，是在运用近现代经济学的“经济理性”等经济学概念的基础上，结合“实质论”所说的文化理解来对民族习惯法进化发展中的经济因素的作用形式进行分析。换言之，认为，我们要理解民族习惯法的发展，不能脱离其文化背景。但是，同时我们也不能说其中不存在经济理性。无意偏执于“经济决定论”或者是“文化决定论”中的任意一端，而倾向于探索法律规则在经济理性、民族文化特质共同作用下的进化发展规律。或者说，认为，经济理性是具有较强的时空穿透力的，我们可以在各社会阶段中发现它的普遍存在，但是，我们不能因此就认为包括初民社会在内的所有人类阶段都将追求利润最大化作为首要社会发展目标。在分析初民社会的法律进化发展的过程中，我们必须考虑该民族的文化特征，深入理解其价值表达体系。只有通过两者的有机结合，才能更好的理解民族习惯法进化发展与经济理性的关系。

（二）国内研究动态

国内法律经济学的介绍和研究，应该是从20世纪80年代开始的。那时候，一些研究者开始关注到了这一新的法学流派。

种明钊和顾培东在1985年第1期的《法学季刊》上发表了《西方法经济学评介》一文。该文对法经济学的概念由来及基本情况做了简要的介绍。有一个相关的信息，就是种明钊在这之前，也就是1983年，在《法学季刊》该年第2期上发表了文章《马克思主义法的理论与法经济学的建立》。在该文中，种明钊对马克思经典著作中关于法学的经济理论基础做了梳理，认为马克思在《〈政治经济学批判〉序言》中科学的论证了政治经济学是法学的理论基本，这是人类历史上第一次科学的论证该问题。文章还就建立法经济学提出了几点建议。但是，作者所提的法经济学与后来的经济分析法学是两回事。也许，后文正是对前文的反思与进一步扩展。

1986 年，信春鹰发表文章①，对以波斯纳为首的美国经济分析法学派做了介绍。文章对法学与经济学的融合、经济分析法学派的基本理论、该理论对传统法学理论的冲击与可以借鉴的地方做了简要的介绍。同时认为，“经济分析法学的地位和作用仍有继续提高的趋势。如果波斯纳进入美国最高法院，这一学派对社会政治、经济生活的影响会更大。”

1987 年，张文显发表文章②，认为“70 年代以来则是分析法学、自然法学、社会法学、经济分析法学（或经济法理学）四强并立，同时存在着若干小学派，如批判法学、存在主义法学、综合法学、新马克思主义法学等等”。文章对经济分析法学只是做了简单的介绍。

1994 年，王育才发表文章③，对法律经济学的基本观点及其产生过程做了介绍；文章还对法律经济学与经济法学两者之间的区别做了说明；之后又对法律经济学的意义和体系进行了介绍。

1999 年，王哲和郭义贵发表文章④，文章对波斯纳法律经济学的主要思想及重要分析都做了介绍，并着重对效益与公平之间的关系进行了论述。文章认为，“作为一种新兴的法学理论，波

---

① 信春鹰：《美国的经济分析法学派》，载《法学研究》，1986 年第 3 期。

② 张文显：《战后西方法哲学的发展和一般特征》，载《法学研究》，1987 年第 3 期。

③ 王育才：《法律经济学初探》，载《法学研究》，1994 年第 5 期。

④ 王哲、郭义贵：《效益与公平之间——波斯纳的法律经济学思想评析》，载《北京大学学报》（哲学社会科学版），1999 年第 3 期。

斯纳的思想观点虽然不乏缺憾之处，但这并不影响我们对他和他代表的法律经济学的正确评价、学习和批判性的借鉴。”

1999年，魏建发表文章①，认为自愿合作是实现效率的最佳途径，对自愿合作阻碍因素的克服，构成了谈判理论的主干。谈判理论也因此将对法律部门的经济分析统一在促进合作、实现效率的宗旨之下，成为法经济学的核心理论。谈判理论在财产、契约、侵权法中的应用更充分地说明了这一点。魏建也是经济学领域出身，关注法与经济学的主要代表之一。

这期间，还有两个重要事件是必须要介绍的。一个是尤伦教授到中国的讲学。1988年，复旦大学经济学院举办的“中美经济学培训班”请来了尤伦教授讲课。这位尤伦教授，就是《法和经济学》的作者之一。虽然这本书直到2002年才翻译出版②，但尤伦教授的讲课却将法和经济学这一理论实实在在的带进了中国。另一个则是波斯纳的《法律的经济分析》翻译出版③。此前虽然有一些关于法律经济学的理论介绍，但客观地说，此前的研究成果基本上属于介绍性质的。此次却是法律经济学重要研究成果的翻译出版，对今后的法律经济学研究有着重要的影响。

2000年以后，国内关于法律经济学的研究开始活跃起来。不

---

① 魏建：《谈判理论：法经济学的核心理论》，载《兰州大学学报》，1999年第4期。

② 【美】罗伯特·D·考特、托马斯·S·尤伦著，施少华、姜建强译：《法和经济学》，上海财经大学出版社2002年版。该书的新版由史晋川、董雪兵等翻译，由格致出版社、上海生活·读书·新知三联书店、上海人民出版社于2010年联合出版。

③ 【美】理查德·A·波斯纳著，蒋兆康译：《法律的经济分析》，中国大百科全书出版社1997年版。

少经济学的研究者转向该领域的研究，不少法学研究者也开始关注这一领域的研究。2002 年，钱弘道发表文章[①]，仍然认为“法律经济学的研究在中国尚未形成气候，没有形成研究队伍的‘正规军’，基本上处于‘游击队’阶段”。但是，“法律经济学对法律改革、司法实践、未来中国法学、经济学的深远影响是我们期盼的，也是可以预测的。”

2003 年，史晋川发表文章，对法律经济学的历史渊源、形成和发展、学科性质、研究范围和研究方法都做了介绍；对财产、合同和侵权行为的经济理论进行了分析；文章还对 20 世纪 90 年代的研究进展及趋势做了分析。需要说明的是，史晋川就是经济学者关注法律经济学的重要人物之一。

2011 年 4 月，通过中国知网进行跨库检索（包括中国期刊全文数据库、中国博士学位论文全文数据库、中国重要会议论文全文数据库、中国重要报纸全文数据库），题名中包含“法、经济学”的文章有 1310 篇；题名中包含“法律经济学”的文章有 560 篇；题名中包含有“经济分析法学”的文章有 104 篇。

专著方面，2000 年之前的专著主要有孙林的《法律经济学》[②]、顾培东的《法学与经济学的探索》[③]、黄少安的《产权经济学导论》[④]、张乃根的《经济分析法学》[⑤]、易宪容的《现代合

---

① 钱弘道：《法律经济学和中国法律改革、未来中国法学》，载《法律科学》，2002 年第 4 期。

② 孙林：《法律经济学》，中国政法大学出版社 1993 年版。

③ 顾培东：《法学与经济学的探索》，中国人民公安大学出版社 1994 年版。

④ 黄少安：《产权经济学导论》，山东人民出版社 1995 年版。

⑤ 张乃根：《经济分析法学》，生活 · 读书 · 新知三联书店 1995 年版。

约经济学导论》[1]、周林彬的《法律经济学论纲》[2]、吕忠梅和刘大洪的《经济法的法学与法经济学分析》[3]。2000 年后的专著开始丰富起来，主要有张乃根的《法经济学》、魏建的《法经济学：分析基础与分析范式》、陈国富的《法经济学》、钱弘道的《法律的经济分析》、王小卫的《宪政经济学——探索市场经济的游戏规则》、曲振涛和杨恺钧的《法经济学教程》、冯玉军主编的《中国法经济学应用研究》、贾敬华的《不完备合同的经济分析》、柯庆华的《合同法基本原则的博弈分析》、李省龙的《法经济学分析范式研究》、柴振国的《契约法律制度的经济学考察》等。

此外，法律出版社出版了“法律经济学丛书”，北京大学出版社推出了“法与经济学译丛”，浙江大学出版社出版了“法律经济学博士文丛”，这三套丛书是近期出版的主题丛书。格致出版社推出的“当代经济学系列丛书”中有部分制度经济学名著，是制度经济学的重要理论著作。

三、主要研究方法

1. 经济分析法：本书将着重运用法律经济学的基本概念和基本分析框架，对少数民族习惯法进行重点分析，探索其中隐含的经济理性。

2. 比较研究法：本书将不完全局限于国内民族习惯法的经济学分析，还将适当扩大研究视野，对民族学、人类学调查成果中

① 易宪容：《现代合约经济学导论》，中国社会科学出版社 1997 年版。

② 周林彬：《法律经济学论纲》，北京大学出版社 1998 年版。

③ 吕忠梅、刘大洪：《经济法的法学与法经济学分析》，人民法院出版社 1998 年版。

的国外民族习惯法进行一些力所能及的分析。

3. 规范分析法：传统的规范分析法仍是本书中将重点采用的一种分析研究方法，尤其是在涉及民族习惯法与国家制定法的关系时，规范分析法仍有较大的作用空间。

4. 文献分析法：本书将着重对20世纪50年代的民族社会历史大调查资料中的民族习惯法内容进行梳理，这是本书重要的基础资料。

5. 田野调查法。于2009年7—8月份在云南省楚雄彝族自治州和西双版纳傣族自治州进行田野调查，收集了一些论文资料。

四、主要观点

本书的第一章对“民族习惯法中的交易成本”问题进行了分析。交易成本广泛存在于社会生活中，各种制度发展的一个重要目的就是降低交易成本。本章第一节对交易成本的基础理论进行了简要梳理。第二节对沉默交易、礼物交换中存在些什么样的交易成本，该制度和其他可选择的制度相比较存在哪些优势进行了深入分析。第三节分析了“赔命价”制度变迁过程中的交易成本问题。通过减少案件类型，有效地降低了双方当事人的协商成本，更容易就赔偿标准达成一致意见。

第二章主要论述了“信息成本与制度选择”问题。在技术条件落后的初民社会，发现事实、保存信息、传递信息都需要较高的成本。在某些情况下，要发现事实的真相以便合理的分配责任存在技术上、证据上的困难，与此相适应，初民社会选择了严格责任制、神判等制度；有时候，可以通过一些制度设计，更便捷的发现所需要的信息，有效的降低信息成本，如年龄区分、性别区分、卡里斯玛支配等。总体而言，制度选择总是与信息成本有着密切的关系。

第三章就“‘赔命价’中的其他成本问题”进行了研究。第一节中，就“赔命价”产生的经济合理性进行了分析，从血亲复仇到“赔命价”的制度变迁过程着手，分析了血亲复仇潜藏的机会成本、沉没成本。通过本节的研究，说明从血亲复仇到“赔命价”的制度变迁，是一种有利于节约社会成本的进步。第二节重点分析了青海藏族“赔命价”的经济意义。一方面证明“赔命价”是对致害人家庭的严厉惩罚；另一方面，“赔命价”最终由受害人家庭、受害人亲属及宗教人士共同分享了，受害人家庭只得到命价中很少的一部分。这和当地的社会结构有着密切的关系，曾经是合理的。但是，随着社会的发展，其中一些做法在现代社会已经明显不合理。要想较好的解决“赔命价”与国家法的冲突，就必须重视“赔命价”制度中存在的合理性因素。

第四章关注的是“民族习惯法中的效率”问题。初民社会中，食物匮乏是长期存在的重大问题。人们面临着巨大的生存压力，必须在现有的条件下追求更高的劳动生产效率，以赢得更多的生存机会。第一节对集体狩猎与刀耕火种两种制度进行分析。认为集体狩猎与刀耕火种都能在一定程度上产生规模效应，提高劳动生产率，得到更多的生活物资。第二节对程序法中的效率问题进行分析。认为依习惯法进行纠纷调解与依国家法进行诉讼相比，往往能更快的达成纠纷处理方案、有效地降低调解成本（如交通费用、诉讼费用）和执行成本。

第五章对“民族习惯法中的风险分摊”问题进行研究。初民社会充满各种危险，食物短缺、野兽袭击、自然灾害、血亲复仇等。因此，他们必须设法分散风险，以创造相对稳定的生活环境。第一节对民事习惯法中的食物分享和共耕制进行研究，说明这两项制度实际上有效的分摊了初民社会中食物匮乏的风险。第二节对刑事习惯法中的效率问题进行研究。通过对初民社会中刑事赔偿责任集体承担制度的研究，说明该制度减少了因小家庭无法承担赔偿责任而引起新的更大的纠纷，降低了血亲复仇、械斗的风险。

第六章是民族习惯法中的“有限”因素。行为法律经济学是法律经济学的一个分支，对传统法律经济学中的完全理性、效用最大化等概念进行修正。本章主要运用行为法律经济学的核心理论，包括有限理性、有限意志、有限自利，对民族习惯法进行分析。因此，本章又可称为行为法律经济学视野下的民族习惯法研究。为了方便起见，将有限理性、有限意志、有限自利三者统称为“有限”因素。

五、本项研究的创新

第一，本书在研究方法上有所创新。目前国内民族习惯法的研究基本上仍处于规则调查阶段，引入新的研究方法对促进该领域的研究有重要意义。本书将经济分析法学的研究方法引入到民族习惯法的研究中来，在国内民族法学界应该可以说是一种研究方法上的创新。例如将信息成本引入到严格责任制、神判、卡里斯玛支配等习惯法的分析，将风险分摊引入食物分享、集体责任制等习惯法的分析，在研究方法上有一定的突破性。

第二，本书的一些研究结论是有创新意义的。通过对一些常见的民族习惯法进行分析，有了一些新的初步的成果。例如，认为从血亲复仇到赔命价的变化有利于节约社会财富、符合经济理性的要求，是一种重要的社会进步；通过藏族赔命价制度变迁的研究，说明制度变迁通过减少案件类型，有效地降低了交易成本（协商成本），使双方当事人更容易就赔偿标准达成一致意见。这些结论是有一定新意的。

总体而言，通过将经济分析法学引入民族习惯法的研究，取得了一些初步的成本。本文的研究表明，两者的结合对促进民族习惯法的研究进一步发展有重要借鉴意义。

六、本项研究的不足

本文的研究虽有一定的创新意义，但笔者很清楚，文章中的不足更明显。

首先，经济分析法学的研究方法运用还不够熟练。虽然笔者对经济分析法学的研究方法很感兴趣，也经过较长时间的自学，但对该理论的熟练掌握和自主运用尚存在一定障碍。文章中的分析也存在一些生硬之处。

其次，研究对象范围有一定局限性。文章题为“民族习惯法的经济分析”，但在全文中，仅选择了有限的几种习惯法制度进行分析，相对于习惯法丰富的内容而言，范围过于狭窄。这也在一定程度上影响了本文的说服力。

最后，外文资料运用不够。由于受外语水平的限制以及整个论文写作中所遇到的各种困难，在整个论文中，对外文资料的运用明显不足。这既缩小了论文资料来源的广泛性，也降低了文章结论的普适性。

第一章 民族习惯法中的交易成本

在导论中我们就说过，法律经济分析从科斯的论文发表后，开始进入一个新的阶段。在科斯的《企业的性质》和《社会成本问题》两篇文章中，最重要的概念就是交易成本。因此，本文的论述也从这一问题开始。

萧伯纳认为，“经济是充分利用人生的艺术。”① 李斯特认为，“经济学是研究人与社会寻求满足物质需要及欲望的社会科学。”② 萨缪尔森和诺德豪斯认为，“经济学研究的是一个社会如何利用稀缺的资源生产有价值的商品，并将它们在不同的人中间进行分配。”③ 换言之，经济学关注的双重主题是“稀缺与效率”。就是说，资源是稀缺的，人的欲望是无穷的；与此相关的就是，我们要更有效率的利用这些稀缺资源，使它尽可能满足人的需要。这也是法律经济学研究的重要背景知识。但是，目前的法律经济学研究更多的是从成本收益角度来进行分析。因此，如波斯纳所

---

① 转引自【美】加里·S·贝克尔著，王业宇、陈琪译：《人类行为的经济分析》，格致出版社2008年第2版，第5页。

② 转引自【美】加里·S·贝克尔著，王业宇、陈琪译：《人类行为的经济分析》，格致出版社2008年第2版，第5页。

③ 【美】保罗·萨缪尔森、威廉·诺德豪斯著，萧琛主译：《经济学》，人民邮电出版社2008年版，第4页。

说，“经济学是一门关于我们这个世界的理性选择的科学”[①]。关于这一点，波斯纳在中文版序言中也有明确表述，“全书只是在以下意义上运用经济学：将经济学看作是一种理性选择理论——即诉讼所要达成的理性选择，换句话说，也就是以最小可能的资源花费来达就预期目标的理性选择，从而将省下的资源用于经济系统的其他领域。”[②] 本文所说的经济分析，主要也是从波斯纳所说的将经济学看作是一种理性选择理论角度来展开的。

经济学中所说的“成本”，是指“卖者为了生产一种物品必须放弃的每种东西的价值”。[③] 与之密切相关的两个概念是“显性成本”和“隐性成本”，显性成本指要求企业支出货币的投入成本；隐性成本指不要求企业支出货币的投入成本，如机会成本。[④] 机会成本是指为了得到某种东西所必须放弃的东西。[⑤] 时间就是最重要的机会成本。除此之外，其实还有很多与成本密切相关的概念，如交易成本、沉没成本、边际成本、成本—收益分析等，这些概念我们将陆续在各相关章节中进行解释和运用。

提到法律经济学，大家最熟知的学者应该是美国的波斯纳了，他的《法律的经济分析》是该领域最为重要的研究成果之

---

① 【美】理查德·A·波斯纳著，蒋兆康译：《法律的经济分析》，中国大百科全书出版社 1997 年版，第 3 页。

② 【美】理查德·A·波斯纳著，蒋兆康译：《法律的经济分析》，中国大百科全书出版社 1997 年版，中文版作者序言第 1 页。

③ 【美】曼昆著，梁小民译：《经济学原理》，机械工业出版社 2003 年版，第 122 页。

④ 【美】曼昆著，梁小民译：《经济学原理》，机械工业出版社 2003 年版，第 225 页。

⑤ 【美】曼昆著，梁小民译：《经济学原理》，机械工业出版社 2003 年版，第 6 页。

一。但是，如果说到习惯法的经济分析，我们似乎又很难在该书中找到合适的分析工具。波斯纳关于习惯法的分析主要集中在他的《正义/司法的经济学》一书中。在该书中，波斯纳对初民社会的法律制度做了较为详细的经济学分析。波斯纳指出，“我把初民社会界定为没有文字的社会，因此我的分析中包括了演化出现代西方文化的那些基本上没有文字的早期社会。”① 笔者在本文中的研究对象是少数民族习惯法，更具体地说，是我国的少数民族习惯法。根据罗维的理论，初民社会主要有以下几个特征：只有语言没有文字、简单的财货体系、生产技术层次极低、整个社会与外界隔离。② 根据我国少数民族社会历史调查的资料显示，我国的少数民族在新中国成立之初，有些是有语言无文字的，有些则是既有语言又有文字的，有些则完全使用汉语；仍然很少有现代科学技术闯入少数民族的传统生活，生产技术也处于较低的水平；社会比较封闭。总体而言，当时的少数民族仍处于较为落后的状态。因此，笔者借用“初民社会”来概指建国之初少数民族的社会状态。

第一节　交易成本理论概述

交易成本是法律经济学中最重要的概念之一，其实说是法律经济学中最重要的概念更合适。交易成本最先由诺贝尔经济学奖

---

① 【美】理查德·A·波斯纳著，苏力译：《正义/司法的经济学》，中国政法大学出版社2002年版，第119页。

② 参见【美】罗维著，吕叔湘译：《初民社会》，凤凰出版传媒集团2006年版。

获得者罗纳德·哈里·科斯在其1937年的名作《企业的性质》中提出，后又在1960年的大作《社会成本问题》中得到进一步阐述。该概念的提出对于促进制度经济学的发展作出了重要贡献。随后，又成为法律经济学进入微观分析阶段最重要的基础概念。目前，该概念仍是法律经济学的研究中最重要的概念，也是大多数学者的研究中最重要的理论分析框架。因此，要做法律的经济分析工作，必先懂得交易成本这一概念。

"'交易'这个概念在正统经济学中早已存在，但是一个应用范围相当窄的概念，到了制度经济学的代表人物之一康芒斯那里，'交易'概念一般化了。康芒斯将'交易'概念和正统经济学中已被一般化的'生产'概念相对应。按照他的划分，'生产'活动是人对自然的活动，'交易'活动是人与人之间的活动。'生产'活动和'交易'活动共同构成了人的全部经济活动。这种'交易'活动被康芒斯视为'制度'的基本单位，也就是说，'制度'的实际运转是由无数次'交易'构成的；'交易'因而就成为康芒斯的制度经济学的基本分析单位。康芒斯进而将'交易'分为三种基本类型：买卖的交易，即平等人之间的交换关系；管理的交易，即上下级之间的命令和服从关系；限额的交易，主要指政府对个人的关系。"① 通过康芒斯的努力，"交易"概念被一般化。但是，康芒斯在《制度经济学》中"对以交易为基本单位的制度进行分析时所采用的方法，并不是经济学的方法，而主要是哲学、法学、社会学和心理学的方法。因此，康芒

① 【美】罗纳德·哈里·科斯著，盛洪、陈郁译：《企业、市场与法律》，格致出版社2009年版，译者的话第3—4页。

斯没能完成将经济学的方法运用于制度研究的任务”。[①] “实现这一目标的，是以科斯教授为首的新制度经济学运动。简单地说，经济学的方法就是研究具有稀缺性的资源如何达到最佳配置的方法。若将某一对象纳入经济学研究，首先必须证明该对象具有稀缺性……科斯教授提出了‘交易费用’的概念。这一概念的首要含意是，交易活动是稀缺性的，可计算的，也是可比较的，因而可以纳入经济学分析的轨道。一旦如此，上述问题也就迎刃而解了。”[②] 从此开始，“人们才真正能够将经济学方法应用于对制度的研究[③]。”此后，“新制度经济学家们将交易费用的概念应用于广泛的领域，如：代理关系、寻租活动、企业内部考核、外部性问题、纯粹市场与科层组织之间的各种类型的经济组织形态、经济史甚至政治制度。”[④]

实际上，科斯本人并未提出“科斯定理”这一名称，自然也没有对它进行明确的定义；对“交易费用”这种核心概念，科斯也没有给过明确的定义。这直接导致了学者们对它的不同总结。曼昆认为，科斯定理是“一种观点，认为如果私人各方可以无成本地就资源配置进行协商，那么，他们就可以自己解决外部性问题”[⑤]。

---

① 【美】罗纳德·哈里·科斯著，盛洪、陈郁译：《企业、市场与法律》，格致出版社 2009 年版，译者的话第 5 页。

② 【美】罗纳德·哈里·科斯著，盛洪、陈郁译：《企业、市场与法律》，格致出版社 2009 年版，译者的话第 5—6 页。

③ 【美】罗纳德·哈里·科斯著，盛洪、陈郁译：《企业、市场与法律》，格致出版社 2009 年版，译者的话第 3 页。

④ 【美】罗纳德·哈里·科斯著，盛洪、陈郁译：《企业、市场与法律》，格致出版社 2009 年版，译者的话第 7 页。

⑤ 【美】曼昆著，梁小民译：《经济学原理》，机械工业出版社 2003 年版，第 177 页。

弗里德曼的表述是这样的："如果交易成本为零，换言之，如果任何有利于双方的协议都会得到履行，那么最初界定的财产权将引发一个有效率的结果。"[①] 也有学者将科斯定理进一步分为科斯第一定理，"若交易费用为零，无论权利如何界定，都可以通过市场交易达到最佳配置"；科斯第二定理，"在交易费用为正的情况下，不同的法律权利界定，会带来不同效率的资源配置。"科斯第一定理又称为无交易成本版科斯定理，科斯第二定理又称为有交易成本版科斯定理。[②] 科斯表示，"看起来，花费很多时间来研究这样一个世界（交易成本为零的世界——笔者注）的性质是不值得的。我的观点是，我们需要把正交易成本直接引入经济学分析，从而使我们能够研究现实中的世界。"[③] 零交易成本，也许比在自然界寻找零摩擦力更困难一些。

科斯指出："市场交易不涉及任何费用，这当然是一个非常不现实的假定。为了实际落实一个市场交易，必须发现希望交易的对象是谁，要告知人们某人希望进行交易以及条件是什么，要为最后达成协议而协商，要起草合同，要为保证合同条款遵守进行必要的检查，等等。这些活动常常费用极高，不管怎么说，都

---

① 【美】大卫·D·弗里德曼著，杨欣欣译：《经济学语境下的法律规则》，法律出版社 2004 年版，第 40 页。

② 参见【美】科斯著，盛洪译：《生产的制度结构》，上海生活·读书·新知三联书店 1992 年版，"译者的话"第 10—11 页，"正文"第 157—158 页。【美】斯蒂文·萨维尔著，柯华庆译：《法律的经济分析》，中国政法大学出版社 2009 年版，代译序第 10—12 页。周林彬、董淳锷：《法律经济学》，湖南人民出版社 2008 年版，第 196—197 页。钱弘道著：《经济分析法学》，法律出版社 2003 年版，第 137 页。

③ 【美】罗纳德·哈里·科斯著，盛洪、陈郁译：《企业、市场与法律》，格致出版社 2009 年版，第 14 页。

足以令许多在一个定价体制无须费用的世界中本来会发生的交易不得发生。"[①] 这就是科斯对交易成本的论述。交易成本经济学的集大成者威廉姆森将交易成本比喻为"物理学中的摩擦力"，他将交易成本分为事先的交易成本和事后的交易成本。事先的交易成本包括：(1) 度量、界定和保证产权（即提供交易条件）的费用；(2) 发现交易对象和交易价格的费用；(3) 讨价还价的费用，订立交易合约的费用。事后的交易成本包括：(1) 当交易偏离了所要求的准则而引起的不适成本；(2) 倘若为了纠正事后的偏离准则而作出了双边的努力，由此引起的争论不休的成本；(3) 伴随建立和运作解决交易纠纷的管理机构而来的成本；(4) 安全保证生效的抵押成本。[②] 有学者认为，"信息成本是一个意义更广泛的概念，它包含着人与物质世界打交道时发生的信息成本，也包含着人与人打交道时发生的各种信息成本；而交易成本包含的，仅是与人打交道时发生的成本。"[③] 换言之，信息成本包括交易成本，交易成本是信息成本的一部分。

交易成本是制度经济学派最重要的研究问题之一。制度经济学派强调制度在经济生活中的作用，他们所说的制度包括风俗习惯、社会习俗、法律、思维方式和生活方式。[④] 以科斯为代表的新制度经济学以交易成本为核心范畴，分析和论证制度的性质、

---

① 【美】科斯著，苏力译：《社会成本问题》，载【美】唐纳德·A·威特曼主编，苏力等译：《法律经济学文献精选》，法律出版社 2006 年版，第 13 页。

② 转引自周林彬、董淳锷：《法律经济学》，湖南人民出版社 2008 年版，第 195 页。

③ 钱弘道著：《经济分析法学》，法律出版社 2003 年版，第 142 页。

④ 【美】斯坦利 L·布鲁著，焦国华、韩红译：《经济思想史》，机械工业出版社 2005 年版，第 273 页。

制度存在的必要性以及合理制度的标志。科斯指出，“合法权利的初始界定会对经济制度运行的效率产生影响。权利的一种安排会比其他安排产生更多的价值。但除非这是法律制度确认的权利的安排，否则通过转移和合并权利达到同样后果的市场费用如此之高，以至于最优的权利安排以及由此带来的更高的产值也许永远也不会实现。”① “人们在一定的条件下，采取一种经济法律制度而不采取另一种制度，其根本原因之一就在于前者的交易成本低于后者，所以节约交易成本就成为法律选择和法律改革的目的②。”有学者认为，“以往的经济学思想都没有清晰地指出法律到底是如何影响经济增长的，现在科斯明确指出了资源的配置状态影响资源的使用效率，要改革就要从这里开始改革，这就是制度改革的基本模式和基本思想。”③ 这正是科斯定理给法律经济分析带来的新视角。有关通过制度选择来降低交易成本的问题，将在第三章第二节中通过藏族赔命价的制度变迁来说明。

以上所述，都是抽象的理论，在开始论述之前，先通过一个书本案例来对交易成本进行说明。由于科斯在《社会成本问题》一文中所举的例子分散在文章的论述中，也更为复杂，不便于引述到这里。我们以另一个例子来说明交易成本与制度设计的关系，这个例子来自波林斯基的《法律与经济导论》：④

---

① 【美】罗纳德·哈里·科斯著，盛洪、陈郁译：《企业、市场与法律》，格致出版社 2009 年版，第 113 页。

② 转引自周林彬、董淳锷：《法律经济学》，湖南人民出版社 2008 年版，第 203 页。

③ 周林彬、董淳锷：《法律经济学》，湖南人民出版社 2008 年版，第 200 页。

④ 【美】A·米切尔·波林斯基著，郑戈译：《法和经济学导论》，法律出版社 2009 年版，第 10—13 页。

假设某工厂的烟尘妨碍了附近5户居民在户外晾晒衣服。在没有任何补救措施的情况下，每家住户受到的损失是75美元，5家共损失375美元。有两种办法可以消除烟尘的损害：一是花150美元为工厂的烟囱安装一个防烟罩；二是每户住家各花50美元买一台电动烘干机。就这两种办法而言，安装防烟罩虽然是有效的办法，因为它只需要150美元，就消除了375美元的损害，这比购买总值250美元的烘干机要便宜得多。

假定居民能够无代价的召集在一起会谈。在这种前提下，如果把清洁空气权分配给居民，那么，工厂就有三种选择：一是继续污染，同时付出375美元；二是花费150美元，安装防烟罩；三是花250美元，为每户居民购买一台烘干机。很明显，工厂将安装防烟罩——这是有效的解决办法。如果污染权分配给工厂，居民就面临三种选择：一是遭受总值375美元的损失；二是花250美元购买5台烘干机；三是花150美元为工厂购买1个防烟罩。很明显，居民也会选择购买防烟罩的方案。总之，不管权利如何分配——给居民还是给工厂，都会达到有效率的结果。

假定在上述例子中，把居民召集在一起讨论对付工厂污染的办法要花费每个居民60美元（交通费和时间的代价）。如果居民享有清洁权，工厂就要面临着赔偿损失（375美元）、购买烘干机（250美元）、购买防烟罩（150美元）三种选择，工厂仍会购买防烟罩，因为这是有效率的解决办法。如果工厂享有污染权，每户居民就不得不决定是忍受75美元的损失，或是花50美元购买烘干机，或是花60美元同其他居民集合在一起，讨论用150美元购买一个防烟罩。毫无疑问，每户居民都宁愿购买一台烘干机——无效率选择中的最佳方案。于是，在上述给定的交易成本（60 美元）情况下，规定清洁权是有效率的，而规定污染权是无效率的。因为工厂在做出选择时，没有必要把居民召集在一起决定如何行动，有关的交易成本（居民们召集在一起的费用），没有任何效应。而居民们为了避免集合在一起的代价被迫选择了一个无效率的办法，有关的交易成本就产生了效应。

这个例子向我们更清楚地展示了在正交易成本下，权利的设定如何影响资源配置的结果。换句话说，就是制度的设计将影响资源配置的结果。如果交易成本高昂，则制度设计将在很大程度上决定有效率的配置结果能否形成。在本案例中，假设每户居民需要承担 60 美元的交易成本，并在此基础上来寻求最优解决方案。则污染权或清洁权的设置，将直接决定能否以最优方案来解决问题。

现实世界中，交易成本无所不在。我们所能做的，只能是尽量降低交易成本。在不同的情况下，人们降低交易成本的办法也各有不同。

第二节　沉默交易与礼物交换中的交易成本问题

一、沉默交易中的交易成本问题

（一）沉默交易的基本情况

所谓沉默交易，又称无言交易，其基本做法是：把准备交换的物品放在特定的地点，然后等人拿等价物来换。只要认为等价公平，双方便各自取走货物，交易便算完成。由于交易双方基本上不用面对面交流，故有此名称。沉默交易在不同种族间广泛存在。

有学者认为，"沉默交易是物物交换的一种特殊化形式，在沉默交易中不进行口头交谈。对沉默交易的最早描述，据我们所知，是希罗多德所提供的，他描述了迦太基人与生活在巨人柱之外非洲西海岸地方的人民之间进行的沉默交易。在迦太基，人们与同他们有着和平关系的其他部落发生过沉默交易。他们用矮松果和烟草换取一块块白蛤壳做的圆盘，这些圆盘被当做该地区所有部落的通用货币。沉默交易不进行面对面接触，世界上许多在森林中居住的人都是这样的。森林居民通常蹑手蹑脚地穿过荆棘丛生的小路来到做交易的地方，在那里，他们留下整整齐齐的一堆森林物产，如蜂蜜、樟脑、猴胆球、燕窝。他们又蹑手蹑脚地走回一段距离，在一个安全的地方等待。交易的伙伴通常是农民，他们有更精美、更丰富的物质财产，当有别人为他们索取蜂蜡时，他们不愿为此迷失于森林中，当这些农民发现了一小堆东西时，就在这堆东西旁边放上他们认为是等价的金属切刀、便宜的布匹、香蕉等。他们也谨小慎微地离开了。那害羞的老乡重新出现，他审视一下两堆东西，如果他满意，他就把第二堆东西拿走了。然后对方一伙人回来把第一堆东西拿走，交换就完成了。如果森林居民不满意，他们就会又一次离开此地，而且如果另一些人愿意增加他们的出价，他们就会一次又一次来回，直到每个人都满意，才达成交易。对于沉默交易的原因我们只能给出假定，在某些情况下，沉默交易可能是因为缺少一种共同语言。它更经常是为了保持和平关系、控制相互的敌意。在一个非常现实的意义上，好的关系是由禁止交际来维持的。另一个可能是：沉默交易使得因身份问题而无法实现口头交谈的地方的交换成为可能，当然也并不排除其他可能性。无论如何，沉默交易为两个群体之间的交易提供了商品，尽管这种交换有潜在的障碍。"① 笔者发现，该段论述中提到了语言的障碍，提到了身份障碍，但是，没有提到交易成本问题。

居住在云南金平县景东县的苦聪人②，在新中国成立前是西南地区保存原始因素最多的一个族群。据嘉庆《景东厅志·土司》记载，到嘉庆年间，这些苦聪人还过着"以叶构棚，无定居"的原始生活。他们"擦竹取火"、刀耕火种，狩猎、采集和原始农业是他们主要的生产方式。他们擅长手工编制草排、竹器，并用猎获的兽皮、熊胆、熊掌、鹿茸等物品换取食盐、砍刀、铁锅及银饰等。他们在向其他民族（多数是哈尼族、彝族）的商人换取物品时就采取了这种无人的交易方法：交换者将兽皮、山货放在竹箩中，置于路旁，其本人隐蔽在路旁草丛中。外来商人将竹箩内的兽皮等取出，用大体相等数量的食盐、铁器、旧衣服、银饰置于箩中，便离开。这时交换的售货人从草丛中走出来清点物件，如大体相等，便置一标记，离开现场；如交换货物悬殊太大，下次便不再交换，另选地址。如果外来商人不以物易物，强行将竹箩内兽皮等取走，隐蔽在草丛中的苦聪人就会跳

① 王铭铭：《想象的异邦》，上海人民出版社 1998 年版，第 104—105 页。

② 苦聪人，现主要生活于中越边境金平县。苦聪人曾长期与世隔绝，生活在原始森林中。1956 年夏天，解放军在中越边境发现其踪迹，后经政府寻找，迁出原始森林。1985 年，划入拉祜族。

出来，将其拦住，不准通行。但这种情况极少发生。[①] 这是沉默交易的大致过程，让我们这些现代人觉得难以想象，简直太原始、太稀奇了。因此，我们也从来没有从经济分析的角度去看这个现象，去理解其中的交易成本问题。现在，我们要做的就是对沉默交易中的交易成本问题进行分析。

（二）沉默交易中的交易成本问题

沉默交易中首先存在的交易成本就是机会成本。机会成本是指为了得到某种东西所必须放弃的东西。[②] 这主要是指这种交易的随机性很大，既有交易对象上的随机性，又有交换所得多寡的随机性。由于物品的交换没有一个明确的定价机制，也没有协商的机制，外来商人将以多少物品换走自己竹篓中的物品是不确定的。如果遇到一个诚实的商人可能会多得一些回报，如果遇到一个不太诚实的商人则可能得到的回报要少很多。一竹篓的物品只能完成一次交易，而交易所得的多寡存在较大的随机性，这就是这一次交易所要承担的机会成本。

另一种成本则是相对隐蔽的，也是隐藏在制度背后的成本。材料中也讲到，“如交换货物悬殊太大，下次便不再交换，另选地址。”我们可以推测，他们判断是否悬殊太大的标准可能有两种：一种是和自己以前的交易结果相比，另一种可能是和周围其他人的交易结果相比。如果发现悬殊太大，就另行选择交易对象。然而，实际上，这种外来商人到比较偏远的地区进行交

① 参见张冠梓：《论法的成长——来自中国南方山地法律民族志的诠释》，社会科学文献出版社2002版，第206页。

② 【美】曼昆著，梁小民译：《经济学原理》，机械工业出版社2003年版，第6页。

换，他们所给付的交换物都是内地廉价的物品，且给付的数量都很少。例如，在清朝末年，内地商人到今黑龙江佳木斯地区松花江流域的赫哲族地区去收购兽皮，用来交换的物品主要也是内地普通的铁器和衣物。貂皮、虎皮、熊皮等贵重的兽皮单独定价，当地数量较多的獐子皮、狍子皮则以一件衣服换一个皮毛。笔者认为，在苦聪人的沉默交易中，其情况更好的可能性不大。

但是，对于这种制度性的成本，任何个人想要凭一己之力去改变是很困难的。苦聪人的这种交易并不频繁，以满足家庭的生存为基本要求。在这种交易能够满足其生存的情况下，很少有人会愿意花更大的交易成本去改变这种交易模式。他们要改变这种交易模式的成本包括交通运输成本、寻找交易对象的成本、定价的成本、外出的其他风险成本等。这些成本对于任何个人而言都是十分巨大的，其中的任何一项都足以使一个普通人的突破性尝试失败。笔者认为，交易成本高昂是苦聪人固守传统的沉默交易方式的重要原因之一。

在沉默交易中，也存在降低交易成本的问题。苦聪人的做法是，如果觉得交易的物品大致相等，就做一个标记然后离开。联系后文就可以知道，做标记的意思就是下次还可以继续交易。通过选择一个相对诚实的交易对象并维持相对稳定的交易关系来减少交易的随机性带来的成本。类似沉默交易中的将货物的价值交由对方来判断的做法，马歇尔·萨林斯注意到一种强化交易安全的设置，即买家故意多支付卖家，以诱使卖家与自己在未来的交易中公道。这种“多支付”增加卖家背信弃义的费用成本，因为这会导致买家撤回对卖家的特殊关照。[①] 可以推测，在沉默交易中，外来的商人已经在这种交易中占据了明显的优势地位，也就是说，他占有了绝大部分的利益。如果他贪图一时的利益，只给对方极少的交换物品，那么他将丧失今后一段时间内的相对稳定的收益来源。外来商人为了获得相对稳定的收益来源，就会给苦聪人一个相对“公道”的价格。这样，苦聪人通过尽量维持相对稳定的交易关系来降低频繁更换交易对象可能带来的成本。

二、礼物交换中的交易成本问题

对于交易成本的一种规避法就是礼物交换。波斯纳认为：“就初民社会中通常意义上的贸易——陌生人之间交换不同物品——来看，交易的费用成本非常高，因为有卖家可靠与否，产品质量如何以及有无其他贸易替代（市场价格）。然而，这就出现了一些制度来减少这些交易费用成本。制度之一就是礼物交换，这种交换交流了有关某人的特点和意图的信息。礼物交换常常与初民的贸易相伴随。例如，特里布罗恩群岛居民的库拉圈子，尽管不是通常意义上的贸易，就是一个不同社区的成员之间进行礼物交换的复杂体系，它便利了贸易。”[②] 也就是说，礼物交换以一种较低的成本规避了高昂的交易成本。

马林诺斯基没有给库拉下一个明确的定义，他只给过一个简

---

① 转引自【美】理查德·A·波斯纳著，苏力译：《正义/司法的经济学》，中国政法大学出版社 2002 年版，第 176 页。

② 【美】理查德·A·波斯纳著，苏力译：《正义/司法的经济学》，中国政法大学出版社 2002 年版，第 174—175 页。

单的说明，“库拉是一种交换形式，具有地域广泛而在各部落之间进行的特点；它由居住在一大圈海岛、形成了一个封闭循环的众多团体进行。”① 根据莫斯的理解，库拉的译义很可能就是“循环”②。也就是说，库拉实际上是一个物品不断流动的循环圈。库拉关系的形成有一个类似于现代合同订立过程中的要约与承诺的过程。库拉一经形成，便是一个长期的契约关系。“库拉物品的每一次流动，交换的每一个细节，都受到一套传统规则和习俗的制约和管理，库拉的某些活动还伴随着复杂的巫术仪式和公开礼仪。”③ 库拉中最主要的交换物品是“姆瓦利”（白色贝壳做成的臂镯）和“索巫拉伐”（红色贝壳做成的项链），“这两样物品的礼仪性交换，是库拉主要而根本的一面。但是与此相关联，并在其表层掩盖的下面，我们发现有大量次要的活动与特征。这样，与臂镯和项链之仪式性交换同时进行的，还有土著人通常的贸易往来，从一个岛屿到另一个岛屿，用易货贸易的方式交换很多实用物品，这些东西往往在进口地区不可获得，但又是不可或缺的。”④ 马林诺斯基还说过，“与库拉牢不可分的另一重要追求是附属贸易。航行到遥远的国度，那里有着他们家乡所匮乏的自然资源，库拉水手每次回归都会装满这些东西，

---

① 【英】布罗尼斯拉夫·马林诺斯基著，张云江译：《西太平洋上的航海者》，九州出版社 2007 年版，第 125 页。

② 【法】马塞尔·莫斯著，汲喆译：《礼物——古式社会中交换的形式与理由》，上海世纪出版集团 2005 年版，第 44 页。

③ 【英】布罗尼斯拉夫·马林诺斯基著，张云江译：《西太平洋上的航海者》，九州出版社 2007 年版，第 125 页。

④ 【英】布罗尼斯拉夫·马林诺斯基著，张云江译：《西太平洋上的航海者》，九州出版社 2007 年版，第 127 页。

这是他们库拉事业的战利品。此外，为了给他的伙伴奉献上礼物，每一只外出的独木小舟上都满载着海外地区最渴望得到的东西。这些东西有一部分作为礼物送给伙伴，但更多是为了交换家乡希望得到的东西。”① 也就是说，库拉是一个一体两面的整体，既是一种礼仪性的交往，又是一种生活必需品的贸易形式。

对于附属贸易的重要性，马林诺斯基说，“很清楚的一件事实便是，如果我们以比较社会学者的立场，从外部来看这些活动，并测量其真正的效用，那么对我们来说，贸易和独木舟制造就更像是真正重要的成就，反之我们会认为库拉只是一种间接刺激，推动土著人去航海、贸易。”② 就其性质，马林诺斯基总结，“库拉向我们展示出了几个方面的新现象，它处在商业与礼仪性交换的临界点”③，或者说，“它是一种半商业、半礼仪性的交换④。”对此，西里尔·贝尔肖进行了解释，“库拉本身并不导向以仪式活动表现的个体贸易。但是，顺着库拉，拜访自己伙伴的人会利用这一机会来进行贸易。马林诺斯基就指出了这一点，即除了瓦伊瓜（vaygu'a，这是在库拉圈子里交换的装饰性的物品）外，库拉的伙伴还会交易具有贸易性质的礼物，并且由于这种伙

① 【英】布罗尼斯拉夫·马林诺斯基著，张云江译：《西太平洋上的航海者》，九州出版社 2007 年版，第 167 页。

② 【英】布罗尼斯拉夫·马林诺斯基著，张云江译：《西太平洋上的航海者》，九州出版社 2007 年版，第 169 页。

③ 【英】布罗尼斯拉夫·马林诺斯基著，张云江译：《西太平洋上的航海者》，九州出版社 2007 年版，第 1193 页。

④ 【英】布罗尼斯拉夫·马林诺斯基著，张云江译：《西太平洋上的航海者》，九州出版社 2007 年版，第 1185 页。

伴关系提供了安全，来访者有可能与该村的其他人接触并同他们进行贸易。”① 这实际上是说，在特里布罗恩群岛之间要进行交易也是存在交易成本的。在库拉中，赠与礼物的一方对收到对方的回礼是“有期待权”的，接受礼物的一方有还礼的“义务”。由于稳定的库拉关系的存在，货物交换就少了谈判的成本；不仅如此，接受礼物的一方还同时获得了赠与礼物一方的质量保证。

在特里布罗恩群岛，与库拉相伴随的附属交易是主要的货物交换形式。其实，在当地也还存在着“单纯而简单的贸易”。在这种交易中，物品间的等值与否是靠讨价还价或者谈判决定的。“这种实物交换，单纯而简单，主要发生在内陆的手工业公共社区和基里维纳地区、西部渔村、南部航海、贸易公共社区之间，内陆地区大规模制造木盘、木梳、石灰罐、臂环、篮子等等，基里维纳地区则以生产农产品著名。内陆手工业地区的人们，虽然被人视为贱民，而且常常遇到无礼的待遇，但其产品仍然能够在整个其他地区卖得动。② 当他们手中有了足够多的货物的时候，他们就到其他地方，去要求交换薯蓣、椰子、鱼、槟榔，或者龟壳、耳环还有海菊哈珠等等。他们会成群结队地坐在地上，一边展示他们的商品，一边吆喝着，‘你有那么多椰子，我们可一点

---

① 转引自【美】理查德·A·波斯纳著，苏力译：《正义/司法的经济学》，中国政法大学出版社 2002 年版，第 175 页。

② 笔者认为，此处翻译不太恰当。其原文为：The industrials, who are regarded as pariahs and treated with contumely, are nevertheless allowed to hawk their goods throughout the other districts. 该句应翻译为“这些手工业者被视为贱民，受到他人的侮辱。他们被禁止沿途叫卖自己的产品。”原文参见【英】布罗尼斯拉夫·马林诺斯基著，张云江译：《西太平洋上的航海者》，九州出版社 2007 年版，第 386 页。

都没有。我们做了精美的木盘子，一个值四十个椰子果，外加一些槟榔和蒌叶胡椒粉’。别人也许会跟着回答：‘啊，不，我不想要。你的要价太高了。’‘那你想出多少？’一个出价给了出来，小商贩会拒绝掉，然后再讨价还价，直到最后成交。”① 有些时候，其他村庄的人可能会先从这里买一些手工制品，以便在库拉中进行辅助贸易。由此可见，辅助贸易与这种“单纯而简单的贸易”相比，主要是多了一些礼仪性的因素，但区别也由此而产生。辅助贸易受到赞扬与鼓励，“单纯而简单的贸易”则遭到鄙视。笔者认为，基于这种区别，库拉的辅助贸易实际上是当地人之间主要的互通有无的货物交流方式。因为相对于简单的商品交换，库拉交换更容易为当地人普遍接受。这是一种难以突然改变的文化价值取向，对这种文化价值取向的依赖在制度变迁研究者的语境里称为“路径依赖”。

古代社会中，礼物从来就不是简单的礼仪行为。莫斯的专著名称就叫《礼物——古代社会中交换的形式与理由》。笔者认为，他说的“交换”就是“物品交换”，包括生活必需品和非必需品。再换句话来说，礼物就是为物品交换寻找理由，建立机制。莫斯在提纲的第一段就表示：“在斯堪的纳维亚文明和其他为数甚多的文明之中，交换与契约总是以礼物的形式达成，表面上这是自愿的，但实际上，送礼和回礼都是义务性的。”② 这句话换个方式就可以表达为：各种礼物交换看起来是义务性的，实际上是另一

① 【英】布罗尼斯拉夫·马林诺斯基著，张云江译：《西太平洋上的航海者》，九州出版社 2007 年版，第 387 页。

② 【法】马塞尔·莫斯著，汲喆译：《礼物——古代社会中交换的形式与理由》，上海世纪出版集团 2005 年版，第 4 页。

种形式的契约。莫斯继续说："面对如此复杂的议题，在如此多样而变动的社会事物中，我们这里只能考察其深层而独立的一点，这一点即是：这些所谓的自愿的呈献，表面上是自由的和无偿的，但实际上却是强制的和重利的。"① 具体而言，如"在萨摩亚人的赠礼制度中，也存在着严格意义上的夸富宴的两大基本要素：一是荣誉、威望和财富所赋予的'曼纳'；二是回礼的绝对义务，如不回礼便会导致'曼纳'、权威、法宝以及本身便是权威的财富之源的丧失"。② 莫斯还引用科兰索的论断，"他们有一种交换制度，或者毋宁说是对于送礼必须要有所交换或回报的制度。"并进一步说明，"例如，用干鱼交换腌制禽肉或者草席。所有这些部落间的交换或'交好家族间的交换不需要任何明确的规定'。"③ 这是一种文化，不明确的表示自己的利益，但却绝不意味着对利益不重视。如果我们熟悉农村生活的话，就知道很多家庭都有"人情簿"，记着亲戚送来的礼金多少。下次对方家办喜事的时候，好按标准还礼。如果收礼方辈分相对高，还礼的时候则可以稍微少一点。平辈之间和晚辈对长辈的还礼，如果低于别人之间送的礼金，则会招致非议。库拉圈中的礼物交换实际上也是存在一定的价值衡量标准的。譬如，某人送给对方的礼物价值明显低于对方送给他的礼物，则他可能招致对方的批评，严重者甚至可能导致库拉关系

① 【法】马塞尔·莫斯著，汲喆译：《礼物——古代社会中交换的形式与理由》，上海世纪出版集团 2005 年版，第 5 页。

② 【法】马塞尔·莫斯著，汲喆译，《礼物——古代社会中交换的形式与理由》，上海世纪出版集团 2005 年版，第 16 页。

③ 【法】马塞尔·莫斯著，汲喆译，《礼物——古代社会中交换的形式与理由》，上海世纪出版集团 2005 年版，第 19 页。

的破裂。因此，可以说，库拉圈里的礼物交换通常也是符合经济理性的。

不仅如此，库拉交易圈还能降低交易成本。对于一个资源稀缺的社会而言，无谓的交易成本就是人们难以承受的负担。库拉交易圈，不仅有礼仪性的交换，还有随之而展开的附属性贸易。从马林诺斯基对库拉中生活资料交换的重要性的评价来看，库拉作为一种带有贸易性质的礼物交换圈，有着明显的降低交易成本的作用。库拉圈可能隐含了这样的经济学意义，在到不同的岛屿交易时，存在着证明自己的信用和物品（非库拉交换的商品）的困难。这是在南太平洋小岛间的贸易中不可回避的一个问题。我们知道，每组织一次贸易都是很困难的，要造船，有历经航海的风险。付出如此巨大的成本到了另一个岛屿时，他们却面临一个问题，如何叫人相信自己，并愿意买自己的商品。对对方而言，也面临一个问题，我如何能相信他及他的商品呢？如果交换后出了价格和质量上的问题，在这种一年中可能只有一两次的交易中是很难得到救济的。库拉交换最大限度地消除了交易者在这方面的疑虑，降低了交易成本。因为库拉表面上看代表友谊，实际上代表交易者的信用和商品质量。

实际上，在任何一个交易行为中，都存在交易成本，寻找交易对象、讨价还价、质量保证等环节都是有成本的。“市场”就是一种有效的降低寻找交易对象的成本的制度设计。今天的各种质量标准，就是降低我们每个购买者都需要承担的质量区别成本。试想一下，如果我们每买一个东西都要凭自己的个人能力去鉴别东西的好坏，交易的成本是不是就大幅上升，相应，交易的效率就会大大下降呢？今天不断发展的互联网贸易，节约了我们出去逛街的时间。因此，可以说交易成本无处不在。重要的是，在现有条件下，我们如何处理各种成本问题。

第三节　赔命价制度变迁中的交易成本问题

交易成本包含了讨价还价的费用。在命价的确定过程中，也存在着交易成本问题。首要的交易成本就是确定命价数额的谈判成本。在命案发生后，被害人家族的人会尽快组织人马到致害人家里去要求赔偿命价。所有赔命价的最后确定，几乎都是调解人与双方当事人“协商”的结果。这里之所以要突出“协商”，就是为了说明“协商”成本的存在与变迁。本节中，笔者以藏族赔命价标准的确立过程为分析对象，试图说明赔命价的制度发展在很大程度上降低了交易成本。

关于藏族赔命价的研究很多，综合各种资料，我们可以知道赔命价的产生发展情况大致如此：大约公元七世纪，也就是松赞干布时期以佛教戒律《十善法》为蓝本制定的《法律二十条》中就有“争斗者罚金”，“盗窃者加罪八倍”等内容。之后的芒松芒赞时期的“吐蕃三律”，即《狩猎伤人赔偿律》、《盗窃追偿律》、《纵犬伤人赔偿律》，对赔命价作了详细的规定。“吐蕃三律”对赔命价的规定的基本情况是这样的。

等级量刑（赔偿）比较表①

受害人身份	加害人身份	罪由	惩罚方法	
			死亡	受伤
大论、大囊论、赞普舅仅任平章政事之职者、任大论助理者（以上诸人赔偿命价相同）		狩猎射箭	赔偿银10000两	赔偿银5000两
大尚论本人和大尚论赔命价相同者之一人	尚论告身以下，铜告身以上赔命价相同之人	同上	男性杀之以绝其嗣，没收全部奴户、库物、牲畜	赔偿银5000两
大尚论和同大尚论赔命价相同之人	"大藏"以下，平民百姓以上	同上	子孙一并杀之，以绝其嗣，没收全部奴户、库物、牲畜	
大尚论本人与大尚论赔命价相同者同颇罗密告身这赔命价相同之人	彼此	同上	赔偿银6000两	赔偿银300两
……				
王室民户一切奴隶（庸）及尚论和百姓之耕奴，蛮貊、蛮子中的犯人中一人	尚论铜告身者以下，和赔偿命价相同之人中一人	同上	赔偿银200两	赔偿银100两
王室一切奴隶（庸）及尚论所属耕奴，蛮貊及囚徒以上，其庸中一人	"大藏"以下一切武士赔偿命价相同人中一人	同上	赔偿银100两	赔偿银20两
王室民户一切尚论之耕奴，庸和蛮貊囚徒以上诸人赔偿相同	彼此	同上	赔偿银50两	赔偿银10两

① 仁青：《吐蕃法律初探》，载《西藏研究》，1983年第4期。

这是关于赔命价标准的最早的确切的记载。这个表格中包含了很多信息，但是在这里笔者无意于对它做一个整体的分析，而是只关注其一点。它的整体意思就是"'吐蕃三律'通过不同情形的赔命价数额的规定，形成了严格的赔命价等级制度"①。也就是说，赔命价的多少要根据受害人与加害人的身份对比来最终确定。

这是一则单独的材料，是一个静态的片段。对于之前之后的动态发展关系，并不能从这张表上表示出来。这正是本节的重点所在，本节的目标就是将赔命价标准确立的过程描绘出来。

我们可以想象一下，在赔命价刚刚开始产生的时候，可能对各种类型案件的赔命价的多少已经进行了详细的规定，就如"吐蕃三律"中的规定一样详细了呢？笔者认为，这是不可能的。一项根源于本民族文化的习惯，必然有一个产生、发展的过程。一项制度的确立，不可能是一蹴而就的。反言之，一个一开始就显得相对完备的法律制度只能是一项自上而下的法律变迁过程。在这里，我们看到的"吐蕃三律"中关于赔命价的标准确立问题，已经是体系化的规定，是一个相对完备的法律制度了。逆向推导，就可以得出这样的结论："吐蕃三律"的规定不是赔命价产生之初的原始情况。

要形成一个判断容易，而要进行一个合理的假设就不那么容易了。既然已经判断"吐蕃三律"的规定不是赔命价产生之初的原始情况，那么，其原始情况到底是什么样子的呢？笔者认为，赔命价制度从产生发展到"吐蕃三律"规定的样子，应该经历了

① 仁青：《吐蕃法律初探》，载《西藏研究》，1983年第4期。

一个“个案赔偿”的阶段。所谓“个案赔偿”，是指每个案件的赔命价数额都是单独协商的，没有一个像“吐蕃三律”这样的以当事人身份为依据的参考标准。案件发生后，双方当事人的家族经过各种实力对比，甚至武力冲突之后，最终确定赔偿标准。每个案件都是如此，结果导致赔偿标准混乱。经过一段时间的实践以后，当权者才在实践的基础上总结出“吐蕃三律”这样相对明确的赔命价标准。

在“个案赔偿”阶段，赔命价数额的确定具有较大的偶然性，最终标准的确定与双方当事人家族的势力大小有着直接的关系。《藏巴第悉噶玛丹迥旺布时期十六法典》记载：“此前，普通的人被杀，无有现今如此威严之王法，仅以各自之主人、父辈及女婿之势力大小论处。倘若死者之主人势力大，则要将死者之尸体葬于地势较高的地方，称之为‘若脱吉瓦’。把尸体送到墓地进行告别仪式后，死者家属方等集结兵力进行复仇，且定期送寡妇哭坟，以及送垫子和衣服。若死者有小孩，其小孩在未成年之前，则须交付抚养金。昔日之判决书中规定，死主之饭费、父方集结兵力费、孤儿之抚养金、寡妇擦眼泪用的纸、布，皆由死主决定其数量，肇事者要想尽一切办法满足死主提出的所有要求。如今为平息死主之悲痛和忿怒，亦要赐予‘压悲钱’。”“其次，旧时倘若凶手势力大，则将死者之尸体葬于地势较低的地方，称之为‘若帕东瓦’。牛马等供品的多少要根据凶手的财产，合理地作出判决。”① 为此，《十六法典》规定：“在大王本人制定的

① 杨一帆、田涛主编，张冠梓点校：《中国珍稀法律典籍续编》第九册《少数民族法典法规与习惯法》上册，黑龙江人民出版社 2002 年，第 94 页。

法律中记载有，不可根据势力的大小设置‘集结军队’、‘把尸体埋葬在高处’和‘把尸体埋葬在低处’等制度，如果出现有上述情况，除交付命价的赔偿品外，不再付偿金。如若利用其势力则依轻重进行增减赔命金。”① 这则材料有力地证明了赔命价标准的确立与双方当事人势力对比的关系。不仅当时如此，至今仍然可以偶尔见到势力对比对命价的影响。1989 年发生于青海果洛藏族自治州的东扎故意伤害（致人死亡）案发生后，被告人由自治州中级人民法院判决后，被告人家庭又向被害人家庭赔偿了命价。“该案发生后，被害人一方‘出兵’要求被告一方赔偿命价款 70000 元，后经当地活佛调解，要 60000 元，公安机关干预后，才以 30000 元的命价款‘退了兵’。群众反映，此案被害一方亲友在政府有人，所以索要命价也高，而且态度强硬，这也是旧的传统习惯影响。地位高，命价也高。”② 由此可见，根据被害人的地位、双方当事人的势力对比来确定命价高低是一项影响深远的习惯法。即使到了近代，仍然具有一定的影响力。

其实，不仅藏族如此，彝族的赔命价中也同样存在这样的因素。“德古在运用规范与判例时均表现出一种极大的灵活性，即便案情清晰，也未必适宜严格按照规则处理纠纷，当事人双方的关系、家支势力、社会舆论等复杂的‘法律外因素’所产生的张力，常常使案件的最终结果偏离了规范的预设。”“在许多案例中，如果用习惯法规范的形式逻辑来检验调解结果，那么它往往

---

① 杨一帆、田涛主编，张冠梓点校：《中国珍稀法律典籍续编》第九册《少数民族法典法规与习惯法》上册，黑龙江人民出版社 2002 年，第 96 页。

② 张济民主编：《青海藏族部落习惯法资料集成》，青海人民出版社 1993 年版，第 225 页。

显失公平；但如果综合种种‘法律外因素’加以考量，这个结果却更加合理。譬如甲方家支势力强大而乙方家支势力弱小，解决双方纠纷时如若严格依照习惯法规则提出和解方案，甲方通常会心理失衡而拒绝和解。但如果考量到家支实力对比因素，使调解方案中的利益均衡略偏向于甲方，不但甲方易于接受，乙方考虑到自身实力和今后的生存境地等因素，在心理上同样不难接受。”① 这一方面体现了调解结果总是双方合意的结果，即使在外人看来有失公平；另一方向也表现出了弱肉强食的特征，这也是初民社会的真实写照。即便到了今天，这种情况依然存在。

赔命价标准在经过这种相对混乱的阶段之后，终于在“吐蕃三律”中有了相对明确的规定。“吐蕃三律”的规定较之“个案赔偿”阶段有了明显的进步。对此，我们用一个小的数学计算来说明：假设一个团体中有 9 个人，他们相互之间都有可能发生争斗，并产生命价的赔偿问题。

如果是“个案赔偿”，在这个团体内就可能存在 64 种命价标准。因为在这个团体内可能有 72（8 + 7 + 6 + 5 + 4 + 3 + 2 + 1 = 36；36 * 2 = 72）种个案情况。第 1 个人可能与 8 个人发生关系，第 2 个人可能与 7 个人发生关系……依次减少，到第 8 个人可能与 1 个人发生关系；争斗中主动与被动角色是不一样的，因此，在加和的基础上还要乘以 2。

如果根据“吐蕃三律”，将 9 个人分成 3 个等级。此时，案件的种类将大大减少。在这个等级体制下，可能有 6（2 + 1 = 3；

① 陈金全、巴且日秋主编：《凉山彝族习惯法田野调查报告》，人民出版社 2008 年版，第 197 页。

3＊2＝6）种个案情况。也就是说，其中1个等级会和2个等级发生关系，1个等级会和1个等级发生关系。同样，争斗中主动与被动角色是不一样的，因此，在加和的基础上还要乘以2。

《十六法典》对命价数额有了更标准化的规定。根据《十六法典》之第九“杀人命价律”的规定：“价者，皆指无价或数量之多而命其名曰价也。昔日，据传说：‘上部雅孜王被霍尔所杀，其尸价与黄金等量。下部格萨尔王被丹玛行刺，至今命价尚未偿还清。’此意思即为，所谓‘东’即命价者，无比昂贵，尤以人之等级分为上、中、下三等，此三等中之上上即指德高望重之赞普，其命价是无法偿还的。此后，上上者与妇女大概不会被人所杀。如果被杀，即判罚以土地与沙金无数，以示其身价之贵重，所有这些均酌情处理。对于妇女则要比各自之命价少出半倍。”①“如若利用其势力则依轻重进行增减赔命金。人分为上、中、下三等，其中上等又分为上上、上中、上下三等；中等又分为中上、中中和中下三等；下等又分为下上、下中和下下三等。上上如旧法典中所述的英雄虎豹律相同；上中是有三百以上仆从的头领、政府宗本、寺院堪布等，彼等命价值金三百至四百两；上下是扎仓之活佛、比丘、政府仲科、及有一百名仆从的官员等，彼等命价值金二百两；中上是仲科官员之骑士、寺院扎仓之执事、掌堂师等，彼等命金值金一百四十至一百五十两，侍卫兵、各扎仓老僧、小官吏、骑士等，彼等命价值金八十两；中中是运送粮草、弓箭武器者及小寺院之僧人，彼等命金值金五十、六十、七

① 杨一帆、田涛主编，张冠梓点校：《中国珍稀法律典籍续编》第九册《少数民族法典法规与习惯法》上册，黑龙江人民出版社2002年，第93页。

十两多种；中下是世俗贵族之类，彼等命价值金三十至四十两；下上是无主独生者、政府的勤杂人员、屠夫，彼等命价值金三十两；下中是占有差地的铁匠、屠夫、乞丐等，彼等命价值金二十两；下下是如就法典所述的'流浪汉、铁匠、屠夫等三种人，彼等命价值草绳一根'，流浪未有固定居住的铁匠、屠夫和乞丐，彼等命价值金十两至十五两，也有慈悲者赔偿二十余两之习俗。"① 在《十六法典》中，每个人的命价都已经由法典根据其等级情况作出了明确规定。

继续上面的分析法，也就是说，在《十六法典》中，根据法典将9个人分为3个等级，每个等级设定1个命价标准，仅需3种命价标准；而且，无须再根据双方当事人的身份等级对比关系来确定命价标准。

此时，三种制度的基本设置已经清楚了。在"个案赔偿"阶段，可能存在72种案情；在"吐蕃三律"阶段，可能存在6种案情；在《十六法典》中，可能存在3种案情。每少一种案情就意味着节约一次谈判成本，也就是降低了整个制度的交易成本。需要说明的是，为便于分析，以上所做的数字分析是经过处理的。我们看到"吐蕃三律"中不止3个等级，《十六法典》中也不止3种命价标准，为了使之看起来更方便，才做了这样的处理。但是，其道理是完全一样的。

由于每个案件的命价标准都要由双方当事人通过调解人"协商"达成一致意见，而每个案件的调解都是有成本的，有些案件

---

① 杨一帆、田涛主编，张冠梓点校：《中国珍稀法律典籍续编》第九册《少数民族法典法规与习惯法》上册，黑龙江人民出版社2002年，第96页。

的调解成本是较高的。在没有参考标准的情况下，双方达成一致意见的过程可能更加漫长，成本也就随之增长。这种成本的增长，包括为谈判支出的时间和金钱，甚至导致谈判协商的失败成本。

【案例1】华本卡故意伤害（致人死亡）案

1988年9月21日，被告人华本卡从麦场回到家中，见邻居完德卡（被告人表兄）在两家的界墙上修了烟囱，被告人即将突出部分铲除。为此事被告人和完德卡于当天和次日先后三次争吵、厮打，双方均有损伤。在22日的厮打中，被告人华本卡用木棒打击完德卡头部，将其打倒，随后被他人劝开。被害人被送往医院治疗，因颅脑损伤抢救无效死亡。被告人自首。县法院经公开审理判处华本卡有期徒刑14年。

此案发生后，被害人家属两次冲进被告人家里砸砍墙壁门窗和财物，要求赔偿命价，同时不准被告人家属再住本村。经多方调解无效，被告家属被迫离村而去，投宿娘家，问题未得到彻底解决。①

在这里，我们要注意的一个关键信息就是“经多方调解无效，被告家属被迫离村而去”。这个案例向我们表明，调解不仅是有成本的，而且有时候成本是较高的。调解成本的高低将直接影响到调解的成败。

① 张济民主编：《渊源流近——藏族部落习惯法法规及案例辑录》，青海人民出版社2002年版，第201页。

此外，根据笔者对藏族习惯法资料的阅读，还有这样一个感觉，该案件的调解并不会以被告家属的离开而终止，这只是一个中止。如果他们返回原来的住处，调解还将继续。相应的，调解成本还将继续上升。

【案例2】项秀故意伤害（致人死亡）案

1975年，牧民吴坚放牧的羊群越界，为此，被告人项秀与吴坚发生争执斗殴。在斗殴中，项秀将吴坚按倒在地，持铁制的圆形打狗棒猛击吴坚的头部，致吴坚重伤，经抢救无效死亡。县人民法院判处项秀有期徒刑7年。

1982年，项秀刑满释放。当项秀欲回家与家人团聚时，被害人亲属不允许。后经大队出面调解，让项秀拿出1000元命价款，生产队再补助100元给被害人家，但被害人家仍不同意，也不准项秀回家。无奈，项秀只得流浪在青海省同仁县与甘肃省夏河一带。

在本案例中，我们要注意到这个信息“经大队出面调解”，“被害人家仍不同意”。这就是说，被害人家对这个赔偿标准是不满意的。同上一个案例一样，一旦项秀返乡，调解还将继续，调解成本还将进一步上升。

可以看出，这两个案例中的被害人家属都是愿意接受赔命价的。但是，由于在命价的多少上分歧太大，在调解中无法达成一致意见而导致严重后果。为什么两个案例中的双方当事人都不愿意停止无休止的谈判呢？唯一的原因就是无法就赔偿标准达成一致意见。也由此可见，双方当事人要就赔偿标准达成一致意见是一件很困难的事。因此，如何通过制度设计使得双方当事人更容易就此达成共识就显得尤为重要。将案件进行分类并给各类案件提供相应的参考标准就是一个很好的办法。通过使用各种标准将案件进行分类以减少案件类型，并通过参考标准来缩小谈判协商的区域值。缩小谈判协商的区域值，就相应的提高了达成一致意见的可能性。这就是本章开头所说的，通过制度选择降低交易成本。

我国现存的赔命价制度仍然发挥重要作用的地区还有四川凉山的彝族聚居区。与上述的藏族赔命价标准确定的发展过程相比较，彝族现行的赔命价标准确定办法基本相当于第二阶段，也就是视被害人的身份以及双方当事人的身份对比而定。在现存的彝族赔命价制度中，案件类型仍较多，主要有杀害毕摩、杀害曲诺毕摩、杀害德古、杀害曲诺德古、诺合杀死本家支成员、诺合之间的人命案、诺合家支内部杀人案、曲诺家支内部杀人案、诺合杀死曲诺、诺合打死阿加、诺合杀害呷西、奴隶杀死主子、曲诺杀害诺合等案件类型。此外，在同等级内部、同家支内部的杀人案又根据情况分为黑案、花案、白案。根据案情不同，还分为故意杀人案和过失杀人案。[①] 笔者认为，基本可以总结为“案情不同，命价标准不同”。也就是说，彝族赔命价制度中，命价标准的确定需要更多的交易成本。

减少案件类型，将命价标准逐步规范实际上就是一个减少需要谈判的情况，从而达到降低交易成本的目的。对此，波斯纳指

① 参见陈金全、巴且日秋主编：《凉山彝族习惯法田野调查报告》，人民出版社2008 年版，第 68—77 页。

出："即使是当接受赔偿成为义务时，由于一个个地确定赔偿额的信息费用很高，因此，坚持这种固定赔偿额，对初民社会来说，也许仍是一种最佳的方式。"① 这也是本节分析的精彩总结。

通过本节的论述，最重要的是证明赔命价标准变化的过程实际是一个降低交易成本的过程。通过减少交易类型，来降低交易成本。这也是本章开头处所说的："人们在一定的条件下，采取一种经济法律制度而不采取另一种制度，其根本原因之一就在于前者的交易成本低于后者，所以节约交易成本就成为法律选择和法律改革的目的。"② 也许，当时立法者并不是以降低交易成本为首要目的，甚至不以降低交易成本为目的，却不料暗合了千年之后的新理论。

最后，还有一个问题要说明，本节所引用的东扎故意伤害（致人死亡）案中的赔命价情况说明，根据被害人的地位、双方当事人的势力对比来确定命价的高低这一习惯法至今仍有一定的影响力。但更多的，我们要看到赔命价制度变迁中所表现出来的追求赔偿标准统一化的努力。虽然一直无法完全统一赔偿标准，但对各类案件的赔偿标准做出区间规定，仍是一个巨大的进步。

---

① 【美】理查德·A·波斯纳著，苏力译：《正义/司法的经济学》，中国政法大学出版社2002年版，第203页。

② 转引自周林彬、董淳锷：《法律经济学》，湖南人民出版社2008年版，第203页。

第二章　信息成本与制度选择

波斯纳在《正义/司法的经济学》一书的第六章“初民社会的一种理论”中，对初民社会中的“信息费用”问题进行了较为详细的论述。“初民们不很懂得自然的规律（在初始民族中，信仰魔法和巫术几乎是普遍的现象），他们没有文字系统，因此也就没有历史记载，他们还缺乏现代的交流技术；所有这些事实都表明——而这个社会所缺乏的一切也都隐含了——在初民社会中，获得信息的费用要比在先进社会中高很多。更准确地说是，为了获取同样数量的信息，初民社会必须投入更多的时间或其他资源。就那些初民世界不知道的、与许多科学和技术原则有关的信息而言，情况尤为如此。但是，获得其他信息的情况也是如此。例如，契约一方履行契约的概率大小（在那里，没有法院强制契约履行），或者销售中实际提交的货物数量是否符合当初协定的数量（初民社会的市场没有秤）；又如死亡的原因（那里没有警察或验尸人员，不可能直接否弃巫术之人死亡的可能性）；以及一个农业劳动力工作的边际产品有多大等问题。”[①] 笔者认为，波斯纳所说的“在初民社会中，获得信息的费用要比在先进

① 【美】理查德·A·波斯纳著，苏力译：《正义/司法的经济学》，中国政法大学出版社2002年版，第150页。

社会中高很多。更准确地说是，为了获取同样数量的信息，初民社会必须投入更多的时间或其他资源”，实际上就是说信息的获取成本更高。这些信息中，有一部分可以归入交易成本，如契约的履行成本；有一部分是指发现事实真相（获得真实信息）的成本，如秤货物重量、检验死亡原因等。在本章中，笔者将重点关注发现信息成本的高低是如何影响制度选择的。

信息成本的存在是一个毫无疑问的事实。写论文要查阅资料，获取资料的过程就存在信息成本问题，资料的丰富程度、方便程度以及技术条件等因素直接决定信息成本的高低。我们可以另外举个例子：大家都熟知的昭君出塞。根据《后汉书》的记载，王昭君入宫数年，从来不曾见到皇上。当匈奴单于呼韩邪来朝的时候，汉朝欲以五女赐之，王昭君主动请缨。等到呼韩邪临行时，皇帝命人将五女带给呼韩邪过目。此时，皇上也才第一次看到王昭君。《后汉书》形容王昭君“丰容靓饰，光明汉宫，顾影徊，竦动左右”。此时，“帝见大惊，意欲留之，而难于失信，遂与匈奴”。野史记载，是由于王昭君没有给画师行贿，所以画师将她画得很丑陋，皇上一看都不是美女，于是痛快的赏给了呼韩邪。待亲眼所见，才悔之晚矣。笔者并不是要同情皇上失去了一位绝代佳人、红颜知己，也不是要说宫廷黑暗，也无意对王昭君所发挥的促进民族间经济文化交流再作赞扬。笔者只是想提出一个假设：如果皇上能够很便捷的看到后宫佳丽的形象，则或许历史上不会有昭君出塞了。不管皇上是通过照片，或者是通过网络，重要的是皇上能顺利的知道后宫佳丽的样子。笔者认为，这就是高昂的“信息成本”所致。这种信息成本，一方面是技术条件的限制。昭君没有给画师行贿，所以画师将她画得丑陋。她不能通过更方便快捷的载体保存信息。另一方面则是信息传播的成本。没有人帮她在皇帝面前美言，她也不能自行走到皇帝面前，她的美貌不会被皇帝知晓。这既是制度成本，也是信息传播的成本。

举上面这个例子就是为了说明，发现事实、保存信息、传播信息都是有成本的。“信息费用”不仅在初民社会中存在，在任何一个社会中都同样存在，只是在一个科学技术不发达的初民社会中的信息费用更高一些。信息费用较高是一个客观情况，在科学技术水平未有提高之前，当时的人将通过什么方式来适应这种状况呢？为了与较高的信息费用相适应，初民社会的一个重要适应措施就是对隐私权的否定。“缺乏隐私，这一点对初民的价值体系和制度都有不少潜在的含义。它有助于解释，为什么初民社会的犯罪率明显比较低，尽管它既没有正式的调查机构（无论是公共的还是私人的），也没有严厉的刑罚来补偿正式调查机构之缺乏。然而，这个关于犯罪的例子表明，初民社会中隐私之所以缺乏，这本身或许就是对社会的一种调适，它回应了社会因缺乏公共或私人调查机构或缺乏任何传媒形式而带来的高昂信息费用。为了减少信息费用，一种办法就是创造这样一种生活环境，在那里，每个人都了解其他每个人的每件事。初民社会之所以否认隐私，其作用就是要征集所有的人来通风报信和充当保安。”① 只要我们对人口流动较少的农村生活有一些了解的话，对这种论述都不会感到陌生。在一个相对静态的社会中，个人信息在一定程度上是相对透明的。从活动范围来讲，他很少离开他所属的部

① 【美】理查德·A·波斯纳著，苏力译：《正义/司法的经济学》，中国政法大学出版社2002年版，第151页。

落（民族）的栖息地去活动；从人物来看，他很少离开他的家人、伙伴、劳动集体而单独活动。这样的话，信息就必然是相对透明的，要获得关于某一具体案件的信息就容易多了。在这里，我们还可以引入边际成本这一概念来进行分析。边际成本，是指额外一单位产量所引起的总成本的增加部分。总成本，是指企业购买生产投入所支付的量。① 在这里，我们将信息视为产品，将物质、时间、精力等要素视为投入，我们可以对不同社会阶段的信息费用的边际成本做一个比较。

在初民社会，要了解一个人当天在哪里活动、和谁在一起、主要都干了些什么事情，这些信息都是比较容易获得的。这也就是说，在初民社会，要获得一些因缺乏隐私（信息公开）而处于公开状态的信息的成本是较低的。但是，获得这些信息之外的其他信息的成本是相当高昂的。比如，认定犯罪嫌疑人供述的真伪。西周时，就有了五听，即辞听、色听、气听、耳听、目听，也就是通过观察犯罪嫌疑人的言辞、面部表情、呼吸、听力、视觉来判断其供述的真伪。如果没有物证，恐怕只能通过证人证言来印证，或者，通过刑讯逼供来考验了。到了现在，则有了较为先进的测谎仪。相对于古代社会而言，现在获取信息更高效了。即便到了今天，测谎仪也有可能出错。如果要在此之外寻找更科学可靠的结论，这个信息成本仍然是很高昂的。在本案例中，因缺乏隐私而处于公开状态的信息之外的信息就是边际产品，为获得这些信息而做的投入就是边际成本。我们可以发现，不管是在

① 【美】曼昆著，梁小民译：《经济学原理》，机械工业出版社 2003 年版，第 224 页。

初民社会，还是现代社会，信息边际成本的高低都是有一定区间的。在初民社会，尽管因缺乏隐私而使许多信息处于公开状态，但是，这种公开仍然是处于相对较低的水平的。在现代社会，信息获取边际成本较低的区间则相对扩大了，而且，随着科学技术的发展，能以较低成本获取的信息范围还将进一步扩大。

除了否定隐私外，初民社会还有许多为了适应信息费用高昂而产生的制度，比如对巫术的信仰、年龄区分、礼物交换以及修辞艺术等。[①] 所谓的修辞艺术，是指证人为了取信于听众，必须使用更高超的修辞艺术，而这种证明方式也有利于降低信息费用。有关对巫术的信仰、年龄区分、礼物交换等内容，将在下文中进行详细论述。

第一节　对较高信息成本的适应

波斯纳指出，高昂的信息费用可以解释初民社会的显著制度，如对气功、妖术和巫术的信仰和实践。“高昂的信息费用反映在誓言、决斗以及初民社会案件审理中有时使用的其他含混的或非理性的事实确认方法。”“初民审判庭发现事实的能力却很有限，因为没有警察和其他调查机构和技术（诸如验尸），因为它们会用一些超自然的原因来说明自然的现象（例如，一个人由于某些自然原因而死亡被归结为某个敌人施用了巫术）。我们会看

① 【美】理查德·A·波斯纳著，苏力译：《正义/司法的经济学》，中国政法大学出版社 2002 年版，第 172—178 页。

到，这些信息费用似乎在一些重要的方面已经影响了初民的实体法。”① 笔者认为，波斯纳所说的信息费用对实体法的影响的一个重要例证是侵权法中的严格责任制度。高昂的信息费用不仅对实体法有影响，而且对程序法有实际影响。信息费用对程序法的影响的一个重要例证是神判。

一、严格责任制与信息成本

所谓严格责任制，又叫无过错责任，指行为人只要给他人造成了损害，不管其主观上有无过错都应承担责任的一种责任形式。波斯纳的定义是这样的，“严格责任的意思是，引起事故的人对受害人的损害赔偿负有法律责任，即使损害无法通过其实施合理注意而予以避免。”② “严格责任制是初民社会对造成死亡或伤害之行为的正常回应。如果一个人伤害了或是杀死了另一个人，即使是在一个无法以恰当的细心予以避免的事故中发生的，他也一定要对受害人或其亲属支付赔偿。在某些初民法律制度中，如果是事故造成了死亡或伤害，规定的赔偿会比较低，但在其他一些社会则不这样，而是无论伤害者有无现代法意义上的‘过错’，几乎都必须支付某些赔偿。”③ 为什么会选择严格责任制？波斯纳认为，经济学文献辨识了在初民环境下也许相当重要的与这种选择有关的四个因素。首先是信息费用。要确定有没有

---

① 【美】理查德·A·波斯纳著，苏力译：《正义/司法的经济学》，中国政法大学出版社 2002 年版，第 181—182 页。

② 【美】理查德·A·波斯纳著，苏力译：《正义/司法的经济学》，中国政法大学出版社 2002 年版，第 226 页。

③ 【美】理查德·A·波斯纳著，苏力译：《正义/司法的经济学》，中国政法大学出版社 2002 年版，第 206 页。

过错，费用会更高，因为这会涉及考察更多的因素，而不仅仅是确定被告是否伤害了原告。其次是通常情况下伤害者避免伤害的成本很低。如果伤害者能以较低的成本避免事故的发生却不采取避免措施，则应承担责任；再次是受害人自己避免事故的成本大大高于伤害者的避免成本。最后是伤害者提供赔偿是一种可能的成本较低的保险。①

笔者认为，在少数民族习惯法中，严格责任制确实是存在的。彝族习惯法中就存在比较典型的严格责任制，比如伤害致人死亡的案件、死给案②都有明显的严格责任制的特点。信息费用较高确实可能是选择严格责任制的一个重要因素。当然，严格责任制和其本民族的一些文化观念也有着密切关系。

下面，我们通过几个案例来看看严格责任制的情况：

【案例1】

吉克拉达与马海嘎多二人均在成都打工。因为钱的纷争，马海打伤了吉克，后者回到昭觉九天后死亡。吉克家便将死者的尸体抬到马海家停放，并纠集了300多人手执不同的凶器集结在马

① 【美】理查德·A·波斯纳著，苏力译：《正义/司法的经济学》，中国政法大学出版社2002年版，第206页。相关的论述见【美】理查德·A·波斯纳著，蒋兆康译：《法律的经济分析》，中国大百科全书出版社1997年版，第六章及第二十一章有关部分。

② “死给”的基本情形是，某两人因为任何事情，通常是些小事，发生口角纠纷，一方（通常是较弱的一方）如果在这个冲突过程中感受到尴尬、侮辱、难堪，尤其是当众受辱，面子和自尊心受到伤害，感到气愤难平，他或者她就很可能选择自杀，以死相争，也就是死给对方。周星：《死给、死给案与凉山社会》，见马戎、周星：《田野工作与文化自觉》（下册），北京：群言出版社1998年版，第702页。

海家附近，而马海家也为很可能爆发的械斗做好了准备。危急关头，马海家派人请了两位德古，但未能解决；吉克家坚决要求对方赔命价，并要他们立即支付安葬费，而马海家则以死者没有在成都死亡为由，推说他是自己病死的，还把两位他们认为“偏袒对方”的德古赶了出去。吉克家于是恼羞成怒准备动真格的，冲进马海家去杀人偿命。情急之中，马海家请来马拉则解决，他还带去三个助手共同办案。马拉则首先裁决由马海家支付吉克家700元，一来解决丧葬的问题，二来在事情还没弄清之前先平息众怒。之后，通过反复的调查（还问过昭觉县医院的医生）、问讯，马拉则认定吉克的死亡确系马海的殴打引起，因此他将此案定为黑案[①]，由马海家赔偿命价。

在本案中，我们可以看到一个明显的博弈过程。博弈论所分析的是两个或两个以上的比赛者或参与者选择能够共同影响每一个参与者的行动或策略的方式。[②] 博弈论的指导思想是：假设你的对手在研究你的策略，并采取追求自身最大利益的行动，这时你应该如何选择最有效的策略。[③] 在这个案件的调解过程中，马海家在面临威胁的时候，一手做好准备械斗的准备，一手则请来德古进行调解。调解结果出来后，马海家觉得无法接受又找借口

① 彝族习惯法中，“根据犯罪事实和情节，将犯罪分为‘黑、黑花、花、花白、白’等五种不同程度分别处理。”参见陈金全、巴且日秋主编：《凉山彝族习惯法田野调查报告》，人民出版社2008年版，第61页。

② 【美】保罗·萨缪尔森、威廉·诺德豪斯著，萧琛主译：《经济学》，人民邮电出版社2008年版，第185页。

③ 【美】保罗·萨缪尔森、威廉·诺德豪斯著，萧琛主译：《经济学》，人民邮电出版社2008年版，第187页。

赶走了德古；在吉克家准备动真格的时候，马海家又请来马拉则进行调解并最终成功。在这几个步骤中，可以看到明显的双方博弈的特点。

笔者引用这个案例并不是要说明其中的博弈过程，关注的重点是案件事实的认定过程。在吉克家主张吉克是因马海的伤害致死的时候，马海家一开始推说吉克可能是自己回家后病死的。在这种情况下，案件将如何发展仍然是不确定的。我们看到的是在马海家赶走德古拒绝赔偿之后，吉克家要动真格的了。此时，我们要想一下，吉克家要动真格的更多的是因为马海家赶走德古拒绝调解呢，还是更多的因为他们推说吉克可能是自己回家后病死的呢？笔者认为，更多的是因为前者。因为马海家赶走德古，实际上使调解破裂了。我们甚至可以推测，如果只是对吉克的死因认定上存在分歧，最终的调解结果可能是双方在较低的赔偿标准上达成协议。

在这里，还应当注意一个细节，“通过反复的调查（还问过昭觉县医院的医生）、问讯，马拉则认定吉克的死亡确系马海的殴打引起，因此他将此案定为“黑案”，尤其需要注意的是“还问过昭觉县医院的医生”这一细节，这对于案件的定性有着重要的意义。因为这是现代科学技术所提供的结论，是一种权威的信息。我们还可以设想一下，在初民社会中，由于不可能获得这样具有公信力的信息，双方在死因认定上很难达成共识。也就是说，吉克家无法肯定吉克的死亡是马海直接造成的，马海家也无法否定吉克的死亡与马海的伤害有过失责任。但是，一方的人已经死了，不进行安抚是无法平息其亲属的愤怒的。因此，很有可能的结果就是上一段中所说的双方在一个较低的赔偿标准上达成协议。因为，这样的处理结果使错误判决的风险由双方分担了。双方分担风险比让一方承担全部风险更有利于社会稳定。

在这则案例的分析中，我们可以明显地看到“信息”对于案件事实认定的重要性。笔者认为，这种情况下的严格责任制与高昂的信息费用有着直接的关系。因为获得真实信息的成本高昂，在当时技术条件下甚至是不可能的。既然信息成本高昂，则只能通过严格责任制来确定责任。严格责任制，就是叫人远离是非。否则，在说不清的情况下就要承担责任。这种制度、文化安排有利于社会稳定。

【案例2】

1988年元月的一天夜里，美姑县武装部军事参谋海乃石体，喝酒后在县城遇见城郊一伙酗酒闹事的农民，他前去阻止，反被吉日跟甲抓住胸襟，撞在车站的铁门上晕了过去，那伙农民逃跑了。海乃石体被送往县医院治疗，之后又转院，不治而亡。吉日跟甲被收审6个月。后经法医鉴定证明，海乃石体非因受伤而亡，而是因脑膜炎致死。据此，被告改判一年，监外执行。但死者的父亲仍要求赔偿命价。经双方协商，被告同意赔偿命价。①

在这个案例中，如果仅从案例的本身来看，我们或许无法从中看到信息费用的作用。但是，如果我们转换一下场景：本案不是发生在1988年，而是1888年呢？在没有现代医学技术的情况

① 海乃拉莫、曲木约质、刘尧汉编著：《凉山彝族习惯法案例集成》，云南人民出版社1998年版，第149页。

下，要如何才能还被告以清白呢？也就是说，要如何才能证明死者的死亡不是由被告直接造成的呢？这在一个初民社会中是一项几乎不可能完成的任务。因为大家都看到了，被告当时抓住海乃石体的胸襟将其撞到铁门上晕了过去。时间意义上的紧接着，海乃石体死了。这里所说的"时间意义上的紧接着"，是为了表述这两个现象在时间上的前后相继。此时，被告有重大的故意伤害致人死亡的嫌疑。也正是因为这个原因，被告才被收审6个月。所幸的是这一案件发生在1988年，一个有了现代医学技术的时代。通过法医鉴定，还了被告清白。这就是说，医学鉴定结论对被告的伤害行为与死者的死亡之间的因果关系做了否定的回答。再回到1888年，被告在这种情况下是无法否定他的伤害行为和死者的死亡之间的因果关系的。因此，他就必须要承担赔偿责任。

也就是说，在有嫌疑的情况下，如果被告无法证明自己与死者的死亡之间没有必然关系，那么，别人就会认定被告需要承担相应的责任。这也就证明了信息费用与严格责任制之间的关系。

既然如此，在此案中医学鉴定已经证明死者的死亡不是由被告直接造成的，那死者的父亲凭什么还索要命金呢？笔者认为，这是制度的惯性使然。彝族传统观念认为，"死了人的一方总占理，就像摔跤时在上的一方为赢"①。一种社会制度一旦形成，就将以强大的惯性继续前行，即使这一制度形成之初的条件已经发生了根本性的变化，制度却依然在一段时间里照常运行。

① 陈金全、巴且日秋主编：《凉山彝族习惯法田野调查报告》，人民出版社2008年版，第248页。

如果说在案例 2 中，被告承担赔偿责任还有一些原由的话。那么，在死给案中，被告的责任就显得有些"冤枉"了。"死给的基本情形是，某两人因为任何事情，通常是些小事，发生口角纠纷，一方（看来，通常是较弱的一方）如果在这个冲突过程中感受到尴尬、侮辱、难堪，尤其是当众受辱，面子和自尊心受到伤害，感到气愤难平，他或者她就很可能选择自杀，以死相争，也就是死给对方。死给几乎没有例外地总是一场重大冲突或暴力事件的导火索。"① 死给案是民族习惯法中很独特的一种案件类型。

【案例3】

被死给者阿何阿尼与死给者吉达吾各从小订有娃娃亲，成年后结婚，两个家支也开过亲（即有过通婚史）。婚后两人从大家庭中分家出来独立一起生活后。女方吉达吾各以男方人长得不帅为由提出了离婚。经过两次调解劝说，女方坚决不愿维持这段婚姻，一气之下吊死在阿何阿尼（即夫妻两人的）屋内大梁之上。出事后，双方请德古出面调解。②

在各种各样的民族习惯法中，彝族的死给案是一种很特别的规定。在彝族习惯法案例集中，我们可以发现彝族的死给案中很多都是为一两句话怄气而死给对方看，以给对方造成巨大的损失来报复对方的言语不慎。彝族习惯法对各种类型的死给案规定了

① 周星：《死给、死给案与凉山社会》，载马戎、周星主编：《田野工作与文化自觉》（下册），群言出版社 1998 年版，第 702 页。

② 陈金全、巴且日秋主编：《凉山彝族习惯法田野调查报告》，人民出版社 2008 年版，第 254—255 页。

详细的命价标准。[①] 不可否认，这是一种非常典型的严格责任制。甚至超出了我们现在的常识范围。究竟应该如何理解这种“奇怪”的规则呢？说它奇怪，是因为我们不能理解。

在调解过程中，女方家认为应该做黑案（严重的犯罪）来处理；男方则认为自己从未打骂过女方，女方自己吊死，应做花案（中等程度的犯罪）来处理。在调解过程中，德古表示，按习惯法女方吊死在野外，离房子远是白案；死在房屋四周的树上等，则为花案；而死在屋内大梁上等，则为黑案。该案最终定性为黑案进行赔偿。

对于这种规则，笔者认为可以这样理解：夫妻双方有互相照应的义务，如果死给者自杀而被死给者却不能阻止，就说明被死给者对死者照应不够。因此，被死给者必须对死给者的死亡承担责任，其责任大小根据死给者的具体死亡情况而定。死给者的死亡地点离家越近，说明被死给者掌握信息可能性越大。因此，案件定性越重，被死给者的责任越重。

笔者认为，死给制度可以说是最为严格的严格责任制。然而，为什么会有死给制度的产生呢？目前学界尚无法考证这一制度的确切起因，但笔者认为可以这样理解：死给案实际上是一种非正常死亡。在初民社会，尤其是像彝族这样一个家支制度极为森严的集体，集体中的每一个人都是其家支的财富，是家支强大的最直接的表现。任何非正常的死亡都是其家支的损失，其家支无法接受任何原因的非正常死亡。因此，即便是一件我们今天看

---

① 陈金全、巴且日秋主编：《凉山彝族习惯法田野调查报告》，人民出版社 2008 年版，第 77—80 页。

来无需承担任何责任的意外事件，在当时当地都可能被视为严重的犯罪。在此基础上，笔者认为可以这样总结：严格责任制与某一群体刻意保护的价值有密切关系；其对某一价值的重视程度与责任的严格程度呈正相关性。

综上所述，笔者认为，严格责任制与信息成本之间有着密切的关系。严格责任制是对发现事实成本过高这一客观情况的一种制度调适。由于发现事实的成本过高，一些纠纷很难确定其真正原因，也就很难确定实际责任人。但是，纠纷不能悬而不决，必须有人承担责任。一个合乎情理的选择就是，不能让受害者继续承担损失，那就只能由其对方承担责任，这就是严格责任制。同时，它告诉所有人要远离是非；否则，一旦惹上是非，就很有可能要承担责任。严格责任制是一种理性选择，首先让人远离是非，其次能够息事宁人，稳定社会。这种选择，与发现事实的成本高昂之间有着密不可分的关系。此外，严格责任制还与某一群体对特定价值的重视程度有着密切的关系。

二、神判与信息成本

神判，即神明裁判，又称神裁。有学者认为："原始人相信神喜欢正直无罪者，对于侵犯神明及邪恶的人则深恶痛绝。同时他们相信也只有神能洞察人的善恶邪直，所以原始的法律常求助于神的裁判。神判法是各民族原始时代所通用的一种方法。当一嫌疑犯不能被人类的智慧断定他是否真实犯罪时，便不得不乞助于神灵。"① 有学者将神判定义为"以非人的神灵为后盾的解决民

① 瞿同祖：《中国法律与中国社会》，中华书局2003年版，第270页。

族成员的争端和纠纷的一种裁决方法”[1]。有学者将其界定为，“让神灵的意志介入人类行为的是非辨别与纠纷处理之中，以求得公正的判决。”[2]“在古人观念中鬼神是不可欺骗的，邪恶的行为可以逃过人间的耳目，却不能欺瞒神明。人类的行为无论善恶，都必为鬼神所洞察，如察秋毫。为了补救法网的疏漏，为了维护更多的公平，于是对鬼神有极大的期望和信息[3]。”这就是神判的心理基础。换言之，神判就是将神意引入人间，以一种程序公正来求得实体公正的努力。

马塞尔·莫斯认为，“在很长一个时期里，许多社会中的人以一种难以理解的心情互相交往。这种心情伴随着过分的担忧和同样过分的慷慨。虽然这在我们看来显得愚蠢，但当时的人却不这么看……存在的是完全的信任或完全的不信任。”[4]伯尔曼在此基础上认为，“在日耳曼社会，‘信任—不信任’的同时并存与极端相信命运的任意性紧密相关，而这种信念则首先反映在运用神明裁判作为法律证明的主要手段之中。”[5]这也就是说，神判的结果实际上是有着很大的任意性的。但是，一旦双方都同意采用神判的方式来解决纠纷，“在神判中，争讼双方都有义务对等地接受考验，而不管这种方式多么残酷、危险，因为这是被社会确定

---

① 高其才:《多元司法》，法律出版社 2009 年版，第 131 页。

② 陈金全、巴且日秋主编:《凉山彝族习惯法田野调查报告》，人民出版社 2008 年版，第 166 页。

③ 瞿同祖:《中国法律与中国社会》，中华书局 2003 年版，第 273 页。

④ 转引自【美】哈德罗·J·伯尔曼著，贺卫方等译:《法律与革命》，中国大百科全书出版社 1993 年版，第 67 页。

⑤【美】哈德罗·J·伯尔曼著，贺卫方等译:《法律与革命》，中国大百科全书出版社 1993 年版，第 67 页。

了的‘游戏规则’，而且是神化的规则，有神圣的合法性。尽管在今天看来，它是非人道的、非理性的，但在原始初民那里，它却是神圣的、‘理性的’、公平合理的。从某种意义上讲，原始朴素的正义观与今天的正义观没有本质的区别，其内容都是公认、公平、对等。原始正义观与今天的程序中心主义的理念也没有本质区别，唯一的区别只是它采用了今天看来非理性、非人道的方式。”① 这就是说，不在于是否残酷、危险，或在今人看来不合理，只要为当事人所认可即可。神判在古今中外广泛存在，形式多种多样。

“希腊人常将人浮在海上，又有使人从高岩上跃下的习惯……JuJu 人则使嫌疑犯在充满毒蛇与鳄鱼的池里游过去。”“苏门答腊人以一握米或面粉令人吞咽，如果因此而窒息或咳嗽便证明有罪。”② 在近代中国西南、北方少数民族习惯法中，神判有多种多样的表现形式，如：吃血、捞油、闷水、点蜡烛、煮物、捧铧、猎头、秤称、上刀梯、火中取物、装袋、嚼米、砍鸡、剁狗等。③

贵州台江县苗族，民事纠纷往往先调解。首次调解无效，还可以再次调解，若是屡劝无效，则最后付诸“神明裁判”，即通过捞油锅或宰鸡、砍狗诅咒方式，借神力来决定“曲直”。④

云南佤族地区，如果发生偷盗案件没有找到偷盗者，便采取神判方法来破案。其大致过程是这样的：失主请魔巴杀鸡看卦以

① 杜文忠：《神判与早期法的历史演进》，载《民族研究》，2004 年第 3 期。

② 瞿同祖：《中国法律与中国社会》，中华书局 2003 年版，第 270—271 页。

③ 邓敏文：《神判论》，贵州人民出版社 1991 年版，第 10 页。

④ 张冠梓：《论法的成长——来自中国南方山地法律民族志的诠释》，社会科学文献出版社 2002 版，第 191 页。

确定偷者。看卦前，失主先怀疑一个人，然后杀鸡看卦。如果卦相相符，便认定是此人所偷。如果不是，就继续杀鸡看卦，直到确定偷者为止。接下来，失主去告诉被认定的偷者。如果他不承认，就采取由双方请头人和一些老人作为主持人和见证人，以磨掌、扎手、顶木板等方式来判决。①

云南勐海哈尼族地区，当某家发生失盗或家畜出走，而又不知盗贼是谁或去向不明时，失主即请巫师看手相进行判断。其大致作法是：失主将一个鸡蛋放于自己的手掌中，巫师念完巫词之后即将鸡蛋收下作为报酬，然后他根据失主手掌上的纹理来判断谁是盗贼或家畜的去向。②

在广西瑶族地区，遇上山场地界纠纷时，首先诉诸人判。但若遇上人判判决不下，或是判决后一方不服，则以神判的方式来解决。当地主要的神判形式有“进社”、“装袋”和“砍鸡头”3种。③

广西天赋县壮族地区有一种有趣的动物神判形式。在是非曲直难以判断的情况下，由失主提供雄狗和猫各一只，并同被嫌者和一位“道公”去至“土地祠”，由道公念咒请“土地公”明断是非，然后将狗和猫放在一起，以狗代表被嫌者，以猫代表失主，促其相咬斗。如果狗先咬猫，表明失主对被嫌者的指控纯属诬告，应屠宰猪羊办酒宴请村人并向被嫌者当面谢罪；如果猫先

---

① 张冠梓：《论法的成长——来自中国南方山地法律民族志的诠释》，社会科学文献出版社2002版，第81页。

② 参见张冠梓：《论法的成长——来自中国南方山地法律民族志的诠释》，社会科学文献出版社2002版，第473页。

③ 参见张冠梓：《论法的成长——来自中国南方山地法律民族志的诠释》，社会科学文献出版社2002版，第474页。

咬狗，则表明被嫌者确系偷盗，须赔偿失主的全部失物，并按规定受罚。①

青海刚察部落（位于现海北藏族自治州内）制度及法规，“审理疑难案件，采取神明判决的方法。大致是：1）滚炒面蛋。将双方当事人姓名写于纸条，用炒面包起来放在盘中，然后请喇嘛念经或祈祷神明，捧盘摇晃，摇出炒面团的为赢，留在盘内者为输。2）持火斧。让当事者用手抓一把烧红的铁斧，向前走三步，将铁斧抛出九步之外，然后将手包裹，盖上图印，次日检视，谁的手被烧伤谁为输。3）煮油锅。将三碗油倒入铁锅煮沸，当事双方用三个指头伸入锅内，被烫坏的一方为输。4）摸黑白石子。将缠上羊毛的黑白石子各一块投入沸水中，令不服调解的一方伸手去沸水中摸，摸到黑色石子为输。5）吃咒。查不出作案者，召集部落属民集体念咒经，让每个人逐个当场发誓，不敢发誓的人被认作案犯。”② 其他部落也多有类似规定。

尽管神判广泛存在而且形式多样，但是它往往不是主要的纠纷解决方式。有学者认为：“神判法是人们在不能利用自己的智力来搜索犯罪证据或迫使嫌疑犯吐露实情时，不得不仰赖于神的一种方法。等到人们能利用自己的智力来判断人的犯罪行为时，便不须神的裁判了。世界各国无不经过以刑讯来代替神判的阶段。”③ 有学者总结：“通常神判是其他解决纠纷方式无效后的选

① 参见张冠梓：《论法的成长——来自中国南方山地法律民族志的诠释》，社会科学文献出版社2002版，第476页。

② 张济民主编：《青海藏族部落习惯法资料集》，青海人民出版社1993年版，第99页。

③ 瞿同祖：《中国法律与中国社会》，中华书局2003年版，第272页。

择。发生纠纷后，邻居、亲友、村组干部等对双方当事人进行劝解、说服、调处，由于缺乏证据种种因素导致没有解决争端。无奈之下，往往就有当事人考虑进行神判。"[①] 由于神判往往与赌咒联系在一起，因此，当事人总是尽量避免这一纠纷解决方式。"只有当案件事实不清或证据不足，完全没有其他方法能够澄清事实时，当事人才可能选择采用神判来解决。"[②] 有人将神判比喻为"核武器"，"烧香、进庙的也有，一般是到极点，没办法解决的才用这个办法解决。这种办法是由天来决定的，这是个核武器，是使用核武器了，最厉害的。过去如果意见不大，一般就不用。"[③] 由此可见，神判并不是常规的纠纷解决方式，只用于疑难案件的裁决。

梅特兰说，"只要法律是不成文的，它就必定被戏剧化和表演。正义必须呈现出生动形象的外表，否则人们就看不见她。"[④] 如果说种种神判方式是让周围的人在形式上"看到"神判的存在的话，那么神判后的事情发展动态则是让周围的人"看到"神判的效力。瞿同祖认为，"古人对于神灵能够明察秋毫、扬善惩恶具有很强的正向预期，这种信仰状况很容易在枉行实施与以'阴

---

① 高其才：《二十一世纪的神判习惯法——以广西金秀六巷泗水一起堵路烧香诅咒事件为考察对象》，载高其才主编：《"当代中国少数民族习惯法"研讨会论文集》，未出版，2010 年，第 105 页。

② 陈金全、巴且日秋主编：《凉山彝族习惯法田野调查报告》，人民出版社 2008 年版，第 166—167 页。

③ 高其才：《二十一世纪的神判习惯法——以广西金秀六巷泗水一起堵路烧香诅咒事件为考察对象》，载高其才主编：《"当代中国少数民族习惯法"研讨会论文集》，未出版，2010 年，第 103 页。

④ 【美】哈德罗·J·伯尔曼著，贺卫方等译：《法律与革命》，中国大百科全书出版社 1993 年版，第 69 页。

遣’为代表的超自然惩罚之间建立因果关联，从而为潜在罪犯打消不轨念头提供充分有效的激励，减少了特定时期内的犯罪发生率。”① 正是因为有人在神判后遭到了“报应”，才使得其周围的人更加坚信“神判”的效力。在一些方式下，人们可以立即看到神判的结果，如捞油锅、捞沸水、端铁犁等；而在另一些神判方式下，神判的结果并不是马上就显现处理的，而是在今后相当长一段时间内“应验”的，如打鸡、砍狗头、赌咒等。相对而言，事后的“报应”往往更能凸显神判“明断是非”的神奇力量。也正是这些案例，让神判的信仰得到传播和强化。

下面通过几个案例来分析神判：

【案例4】

1972年2月，时隔十多年的吉克五一饿死的命案被提出重新调解，德古阿额古博和勒伍木乃二人受理了此案。原告说，迪日玛孜担任生产队长时，扣了吉克五一的口粮，致使其饿死。被告不承认，德古让被告接受神判。

毕摩主持神判，他用竹笔把咒语写在木板上，分别交给双方，之后毕摩念咒打鸡，念咒语：“吉克五一的死因，如果与迪克玛孜有关，而今玛孜存心抵赖，玛孜如此鸡一样死去；若是与他无关，那他白雪一样的白。打死此鸡，对天上的神灵无损，对地上地祖母的灵魂无损，对所有参加仪式的人无害。打死此鸡诅咒，咒迪日、吉克两家，他们的是非凡人分不清，只有神看得

① 瞿同祖：《瞿同祖法学论著集》，中国政法大学出版社1998年版，第289—290页。

见，请神灵处罚无礼的一方。”……打鸡仪式结束后，参加仪式的人在离去时，面向道场，往后退九步，之后返身离开，不能转身观望。

据说，在神判之后的一年内，迪日玛孜家病死了一个人。据此，吉克家认为，神明已判决迪日家有罪，并惩罚了他。[①]

打鸡是彝族习惯法中一种典型的神判方式。“彝族民间传统认为，立誓言，表明心迹时，举行请神诅咒打鸡给对方看，是以生命为赌注，非到万不得已而为之，所以打鸡祀神作咒，是会受到伤害的。”[②] 对于神判的力量，有学者观察到这样一个问题，“笃信宗教的程度、良心和责任感、心理素质等因素都决定着神判的结果。对于笃信宗教的群体或个人来说，他们会以认真的态度来决定自己的行为，因为神判直接涉及自己甚至家庭成员的生死安危；在这种情况下，这些态度谨慎的人慑于鬼神的威力，甚至在神判之前就不得不承认自己的过错。”[③] 随着现代科学技术的传播，即便是少数民族地区，人们对神灵的信仰也日渐淡薄，这种情形下，许多人就不再相信神判、赌咒，敢于轻易发誓赌咒以逃避责任。

彝族传统中，（债权债务）“由债权人和债务人当面议妥，没有中间人，也不另立文契。如发生赖债，同等级的债权人可

① 海乃拉莫、曲木约质、刘尧汉编著：《凉山彝族习惯法案例集成》，云南人民出版社 1998 年版，第 72 页。

② 海乃拉莫、曲木约质、刘尧汉编著：《凉山彝族习惯法案例集成》，云南人民出版社 1998 年版，第 74 页。

③ 陈金全、巴且日秋主编：《凉山彝族习惯法田野调查报告》，人民出版社 2008 年版，第 168 页。

杀鸡狗诅咒，但曲诺不能杀鸡狗诅咒黑彝，娃子不能咒主子，只能杀鸡吃血酒表明没有诬赖。”① 这则材料中有两个信息值得我们关注：一是债权债务不立文契。这就实际容易导致赖债的行为发生，发生赖债后双方当事人都口说无凭，外人难以判断真假，因此，只能以诅咒这种神判形式来解决纠纷。二是低等级的人不能诅咒高等级的人。笔者认为，这种规定可能有两方面的考量：首先就是认为诅咒这种行为就是对高等级人员的触犯；其次也包含着对诅咒这种神判形式的敬畏，不愿身处险境。总之，这也从一个侧面体现出了初民社会中人们对于神判的态度。

【案例5】

四川省汶川县羌族地区流传着这样一个案例，案件发生在龙溪乡阿尔村巴夺寨，时间为20世纪50年代。

寨民余五生和王宝泉一起上山挖贝母。一天，王挖的贝母被人偷走了，王便怀疑是余所为，但余不承认，并说王故意诬陷他。二人争吵不休，寨里人就劝他们诅咒。二人无奈就在城隍庙诅咒：若谁说话不实，过不了三伏六月，必吐血拉痢而亡。诅咒之后，王、余二人不再纠缠此事，和好如初。但没几天，余开始拉痢疾，不久就不治而死。村人说这是神灵在起作用。②

① 张冠梓：《论法的成长——来自中国南方山地法律民族志的诠释》，社会科学文献出版社2002版，第92页。

② 李鸣：《碉楼与议话坪——羌族习惯法的田野调查》，中国法制出版社2008年，第289页。

在相关的论著中，各类赌咒应验的案例屡见不鲜。对于这种“应验”，笔者认为可以从两个角度来看：一方面，可能是传播者无意识下的选择性传播、记录者对案例的选择性记录，使得这种应验的案例看起来很多。实际上，没有应验的赌咒可能也很多，但是没有被传播、记录下来。另一方面，赌咒的报应往往不限于赌咒者本人，还可以应验在他的家人、乃至他的族人身上。在一个充满各类风险的社会，在一个较广的应验范围内，这种赌咒“应验”的可能性是较大的。无论如何，这些不断“应验”的神判案例被人们不断传播，并在传播的过程中强化其作用力。案例5中的女主人据说很可能是几十年的胆结石未治疗，死于胆囊破裂。[①] 在一个没有现代医学技术的初民社会，人们是不知道胆结石这种病的，只会认为是“应验”了赌咒死了。即使是现代社会中，人们也还可能认为是报应死了。否则，为什么不是对方的人生病死了，而偏偏是这一方的人生病死了呢？

当然，也有神判失灵的时候。事情发生在贵州省榕江县，大约在50多年前。事情大致是这样的：

当时摆勒下寨王大搞比较富有，他为了防盗，将项圈、首饰全部埋在楼上火塘边的泥土里。一次，王的女儿要取用这些银器，始发现早已被人偷走。王大搞怀疑，是常在楼下牛圈里淘粪

① 牛绿花：《试论起誓（盟誓）在当代藏族农村生活中的作用》，载张永和主编：《社会中的法理（总第1卷）》，法律出版社2010年版，第298页。

的王固老等几个人偷的，王固老等人却坚决否认此事。调解无效，决定请巫师来捞稀饭。捞稀饭是在王大搞火塘屋内进行的，涉嫌者均到场，否则即被认为偷盗。巫师将大米小米共十斤煮成一大锅稀饭，待煮得滚开变稠时，即由巫师念咒请神，大意是说，今天我们捞稀饭，请你来显灵，谁偷了王大搞家的银器，就烫掉他手上的皮肉。说罢，将一只铁斧丢进锅里。接着，由涉嫌者卷起袖口，依次到锅底去捞斧头。按规定，凡烫掉皮肉的都被判定为偷盗，除赔偿原物外，还得罚肉77斤。但是，当时几乎所有捞稀饭的人都被烫掉皮肉，难道这所有的人都是偷盗吗？于是巫师灵机一动，当场宣布，他们谁都未偷，是土匪拿走了。结果，王大搞反而赔了黄牛一头，分给全寨人吃。①

这个案例有两个值得我们注意的地方：一是神判的失灵。正如案例中所说的，不可能所有的人都偷了同一物件。二是这名巫师的智慧。正因为不能宣布所有的人都偷盗了，于是宣布所有的人都没偷盗。这是一种权宜之计，但实际上修改了之前的规则，是一种大智慧。用现代法理的观点来看，这属于法律解释中的漏洞补充。

神判有应验的，也有没有应验的。相对而言，应验了的案例流传更为迅速也更为广泛，因为几乎所有人都有“不怕一万，就怕万一”的心态。在神判之前，都会掂量一下这种“或许”会发生的后果将对自己带来什么样的灾难。正是这些不断应验的案

---

① 转引自高其才：《中国少数民族习惯法研究》，清华大学出版社2003年版，第210页。

例，不断强化着听众对神灵裁判的敬畏之情。

再次引用前文已经引用过的一段话，“神判法是人们在不能利用自己的智力来搜索犯罪证据或迫使嫌疑犯吐露实情时，不得不仰赖于神的一种方法。等到人们能利用自己的智力来判断人的犯罪行为时，便不须神的裁判了。”① 我们在这几个案例中发现一个共同的特点：所有案件都很难找到有力的客观证据来证明事实的真相。案例4，在十多年后才被提出要求调解，且案件事实是很难取证的。即便有一些人证，恐怕也很难提出有力的证据。案例5，如果没有找到丢失的贝母或者相应的人证，也无法证明是余某偷了贝母。况且，进行案件调查需要成本，包括时间、金钱、技术支持等，这对于私人而言是一种很高的成本。在这种发现事实成本过高的情况下，人们选择将事情交由神灵处理的办法。这就是我们经常说的“人在做，天在看”吧。综上所述，神判实际上是对信息成本过高以及解决纠纷成本过高的一种调适，是将人事转交由天意进行处理的无奈之举。

第二节　对较低信息成本的追求

在上一个标题中，我们论述了几种为适应信息费用较高的客观情况而产生的制度。在这一标题下，我们将讨论两种为追求较低信息费用而产生的制度。

① 瞿同祖：《中国法律与中国社会》，中华书局2003年版，第272页。

一、年龄区分、性别区分与信息成本

波斯纳认为，所谓年龄区分，“即依据年龄来分派任务或角色，这在初民社会中要比在现代社会中更常见。例如，在某个初民社会中，所有7—10岁的男性也许都被分派当放牧者，所有11—14岁的男性都是新战士，所有15—30岁的都是老战士，所有30岁以上的都是长者。在初民社会也比现代社会更多用性别来决定任务的分派。对于这种年龄和性别的区分，一种简单的解释是，在这种社会中，工作如此简单，因此对于完成工作的质量来说个体差异并不重要。另一种解释则汲取了新近的信息经济学的成果，注意到年龄和性别分别代表了个体对某项具体工作的适应程度。这些分类使因个体的力量、技术以及个性所需要的信息更为经济了。尽管由于缺乏隐私，初民社会的人相互间都很了解，但是，由于评价和监督很困难，因此，这也许会令对个体的边际产品[①]的测度在初民社会要比在现代社会更为昂贵，这就导致了初民社会会更多依赖关于个体能力的粗略但廉价的代表标记。”[②] 这也就是说，在初民社会，虽然每个人对周围的人都很了解，但是由于缺乏有利的计量措施，要确切估计一个人的边际产量是困难的。举个例子，在初民社会里，一个15岁的男青年的力量和劳动技能很可能比一个20岁的男青年要差。但是，15岁的青年

① 笔者认为，这是译者的失误，在经济学术语中，marginal product 译为“边际产量”，而非“边际产品”，边际产量指增加的一单位投入所引起的产量增加，如果投入的是一单位的劳动，则称为“劳动的边际产量”。参见【美】曼昆著，梁小民译：《经济学原理》，机械工业出版社2003年版，第336页。

② 【美】理查德·A·波斯纳著，苏力译：《正义/司法的经济学》，中国政法大学出版社2002年版，第173—174页。

比较勤快，20 岁的青年有时候偷懒。这种情况下，要准确衡量他们各自的劳动量是很困难的。既然都无法衡量，不如干脆选择成本较低的个体区别法，也就是以年龄和性别来区分个体间的能力差别。这种委屈了一部分人，但实在是一种不得已的选择。

有学者记录了这样一个案例：

现属甘南藏族自治州 Z 县 T 乡的 A 村和 G 乡的 X 村，历史上就曾对草场有过纠纷，1992 年和 1995 年期间，这一草场权属纠纷达到了高潮。这四年期间先后有几次上山理论，双方都组织人马带上土枪、猎枪全副武装而去的。该村中凡 18 岁以上 60 岁以下的男子都得去。①

作者还注释，“以前成年的年龄是 15 岁，这几年乡村组织选举时总是强调 18 岁以上，所以现在该地很多集体出工出力等事务中都强调 18 岁以上②。”这实际上就是一种典型的年龄区分。只是随着时代的变迁，具体的年龄标准发生了一些变化。但是这并不能掩盖它中间所蕴含的年龄区分的标记。

赫哲族是一个以渔猎为主要生活来源的民族。在渔业生产中，男女分工较为明显，妇女通常居于从属地位，而且在渔业生产中有很多妇女应该注意的禁忌。成年男子劳动力在春秋两季主要从事捕鱼；夏季渔闲期间修补网具，冬季猎取野兽。少数老年

① 牛绿花：《试论起誓（盟誓）在当代藏族农村生活中的作用》，载张永和主编：《社会中的法理》（总第 1 卷），法律出版社 2010 年版，第 294 页。

② 牛绿花：《试论起誓（盟誓）在当代藏族农村生活中的作用》，载张永和主编：《社会中的法理》（总第 1 卷），法律出版社 2010 年版，第 294 页。

男子在冬季于住处附近捕鱼。这是一般情况。妇女劳动力随男人捕鱼外出，从事加工鱼披子、鱼干、炒鱼毛（鱼肉松），以备日常所食，以及加工鱼皮、兽皮为衣服原料。采集野菜也是妇女从事的劳动，男人很少参加。采集野果则例外，不仅有妇女，也有男劳动力参加。在这则材料中，我们既可以看到性别区分、也可以看到年龄区分。这实际上是一种充分发挥各类群体的优势的理性安排，而不是性别歧视和年龄歧视。

其实，在现代法律体系中，我们仍然可以看到年龄区分的存在。民法中间关于无民事行为能力人、限制民事行为能力人和完全民事行为能力人的年龄区分，宪法中关于国家主席任职的年龄限制都是年龄区分的典型代表。而性别区分，在现代法律体系中则几乎不见踪影了，这是现代文明不断发展进步的结果。

二、卡理斯玛支配与信息成本

马克斯·韦伯将支配的类型分为法制型支配、传统型支配和卡里斯玛支配三种纯粹的支配类型。所谓卡理斯玛，“用来表示某种人格特质；某些人因具有这个特质而被认为是超凡的，禀赋着超自然以及超人的，或至少是特殊的力量或品质。这是普通人所不能具有的。它们具有神圣或至少表率的特性。某些人因具有这些特质而被视为‘领袖’。在较为原始的社会中，这些特质是来自巫术，如先知、号称具有医治或律法智能的人、狩猎活动的领袖及战争英雄等。”① 马克斯·韦伯进一步将卡理斯玛分为四种

① 【德】马克斯·韦伯著，康乐等译：《韦伯作品集——经济与历史支配的类型》第二卷，广西师范大学出版社2004年版，第353—354页。

形态，其中第一种是暴虎之勇，即格斗勇士；第二种是萨满之魔，其余两种分别为擅长欺骗的宗教领袖和长于煽动的文人。卡理斯玛支配“不承认基于财富而占有的权力地位，不论是领袖个人或享有社会特权的团体。权力正当性的唯一基础是个人的卡理斯玛，只要其存在受到证实；亦即，只要它能被承认，只要跟随者及信徒卡理斯玛式证明他们的‘足堪重任’”[①]。卡理斯玛的正当性基础在于“对个人、及他所启示或制定的道德规范或社会秩序之超凡、神圣性、英雄气概或非凡特质的献身和效忠”[②]。在初民社会中，最具有这种特质的人就是战争英雄、萨满、自然领袖。到目前为止的所有社会，无一例外的对战争英雄崇拜有加，因此，他们是卡理斯玛式的领袖。萨满因其超能力也是自然的卡理斯玛式的领袖。而各种自然产生的各种领袖，如生产生活中的头人、调解矛盾纠纷的智者也都是卡理斯玛式的领袖。

生产生活中自然产生的头人，如赫哲族狩猎时的头人“劳德玛发”，就是卡理斯玛式的领袖。“赫哲人狩猎都是本村或附近几个村屯的人自愿联合起来出围。组织狩猎的人被称为‘劳德玛发’，汉话叫‘把头’。但这和封建社会把头是不同的，把头和集体成员是平等的，并没有什么特殊的权利，他和别人一样参加劳动，而且也只能分给他应得的一份。当把头的都是有经验的人，

① 【德】马克斯·韦伯著，康乐等译：《韦伯作品集——经济与历史支配的类型》第二卷，广西师范大学出版社 2004 年版，第 358 页。

② 【德】马克斯·韦伯著，康乐等译：《韦伯作品集——经济与历史支配的类型》第二卷，广西师范大学出版社 2004 年版，第 303 页。

地理熟悉，狩猎能手，在群众中要有威望，办事公正等。”① 类似的，在赫哲族的氏族头人“哈拉木昆达”的选举中，它的人选条件是有才能、有威望、办事公正。这些有能力、有威望、办事公正的人具有高出众人的号召力，他们仍然可以归类为卡理斯玛支配类型。

调解矛盾纠纷的智者，如彝族的“德古”，也是卡理斯玛式的领袖。“在彝族社会中，人们把足智多谋、能言善辩，遇到纠纷不仅能明晰事理而又能仗义执言、以理服人者，尊称为‘德古’，意指是稳定而牢靠的中心人物。”② 德古既有家传的，也有在日常生活中逐渐成长起来的。“一个人威望崇高并且能够处理家支的内部事务，便被人们视为‘苏易’（长老、头人）；而他若能跨越家支、等级和地域处理纠纷，便被称为‘德古’；对于那些闻名遐迩、大智大慧的调节者，更是被尊为‘德古阿莫’。”③ 德古的产生摒弃了等级血统男女长幼的先天因素、摒弃了职业身份的世袭而保持着一种纯粹的民主形式。即便是家传的德古，也需经过艰苦的学习和长期的实践而慢慢获得周围群众的认可。他较之其他德古成长的优势只是在于他有更便利的学习条件，但家传并不是德古身份的自然继承。从中可以明显看到，德古是有大智慧、享有崇高威望的卡理斯玛式领导人物。

---

① 中国科学院民族研究所、黑龙江少数民族社会历史调查组编写：《黑龙江省饶河县西林子乡四排村赫哲族情况》，1958 年 8 月，第 16 页。现藏于中央民族大学藏书馆。

② 陈金全、巴且日秋主编：《凉山彝族习惯法田野调查报告》，人民出版社 2008 年版，第 175 页。

③ 陈金全、巴且日秋主编：《凉山彝族习惯法田野调查报告》，人民出版社 2008 年版，第 177 页。

“苗族社会组织的寨头，有的地方叫‘榔头’，也有的地方叫‘娄方’、‘该歪’或‘扶娄’。寨头一般不经过群众选举，也无财产多寡的限制，只是由于其人熟悉习惯法，精明事理，为人正派热心，在排难纠纷中得到公众的信任，树立了威望而自然形成的。有少数地区是长子世袭的。”这也仍然基本上属于卡里斯玛式的领袖。其实不仅如此，在很多民族中，在日常领袖之外，还有军事领袖。他们往往是在对外冲突中具有英勇表现，而被众人拥戴。在以后的对外冲突中，他通常被推举为领导者，指挥战斗。

到目前为止，本标题下的论述并没有揭示出这一制度和信息费用之间的关系。其实，我们已经可以清楚地看到，这种卡理斯玛式的领袖的产生往往是在人群中经过长期的相互交往和无数实践的考验后慢慢显现出来的。这一逐步显现的过程实际上就是周围的人获取他的相关信息的过程。由这种方式产生出来的领导人往往都是已经获得群众认可的有能力有威望的优秀人物。举个例子来说，你没和别人打过架并获胜，没参加过集体战斗并表现突出，谁知道你是不是真能打，真是军事天才啊？你光耍嘴皮子，人家还以为你假把式，纸上谈兵呢。所以说，之前的业绩表现是一种很好的证明，都已经通过实践表现出来了。

我们可以想象，在一个自然条件恶劣、生存条件艰苦、族群竞争激烈的初民社会中，要保持一个氏族、家族的延续和发展，一个优秀的领导人物是何等重要。因此，用什么方式来尽量保证所选举或推举出来的领导人是当时当地的优秀人物呢？上面所讲的等待他们在生活中自然涌现就是一种成本相对较低的办法。这一方法至少有两个优点：一是获取信息的成本低；二是确保信息的真实性。获取信息的成本低，一方面是因为人们不用刻意花费时间和精力去了解某一个候选人的品格、能力等因素；另一方面是因为在初民社会中也没有便利的宣传条件，选举前的大规模宣传不可能实现。确保信息的真实性，主要是指该领袖人物的品格、能力已经在长期的日常生活中为人所熟知，并且是亲眼所见，能够使选民们避免被美妙的宣传口号所欺骗。

综上所述，卡理斯玛支配使初民社会能够以较低信息费用获得重要的社会信息。这一领导方式使初民社会能够在漫长的社会发展过程中较为顺利的延续和发展下去。卡理斯玛支配的长期存在与人类对较低信息费用的追求有着密不可分的关系。

第三章　赔命价制度的成本分析

赔命价是一个复杂的制度，从其产生到其发展都有着一定的成本因素在其中。本章将从三个角度来分析赔命价制度的成本问题：一是赔命价产生的成本分析。说明赔命价相对于之前的血亲复仇而言，是一种符合经济理性的社会进步，节约了大量的社会成本。二是赔命价制度变迁中的交易成本问题。说明赔命价制度在历史上的三次重大变迁，都通过减少案件类型达到了降低交易成本的目的，使得双方当事人更容易就赔偿标准达成一致意见。三是赔命价的经济意义。说明赔命价对致害方而言是一种严厉的惩罚，但它最终由受害人家庭、亲属和部落头领、宗教领袖一起分享了。这在当时来讲是有一定合理性的，但随着时代的进步，有些做法就不再具有合理性。我们要解决该制度与国家法的冲突，就必须重视其中的合理性因素，才能找到合适的解决办法。

赔命价是指在发生杀人案件后，受害人家属向致害人及其家属索取命金的一种习惯法。现在见到的材料中，最早的可能是古罗马人塔西佗的记载，他在《日耳曼尼亚志》第21篇记载："宿仇并不能和解；甚至仇杀也可以用若干头牛羊来赎罪，这样不但可以使仇家全族感到满足，而且对于整个部落更为有利，因为在自由的人民中，冤仇不解是非常危险的事。”① 在我国的历史资料中，也有不少关于赔命价的记载。《三国志·魏志·乌丸传》记载：乌丸人“部落间有仇怨，得自相报复，报复不止，请大人评判，理屈的部落出牛羊赎罚”。② 《后汉书·乌桓鲜卑列传》记载：“若相贼杀者，令部落相报，不止，诣大人告之，听出马、牛、羊以赎死；其自杀父兄则无罪。”③ 《魏书·刑罚志》记载：“民相杀者，听与死家马牛四十九头，及送葬器物以平之。”④《旧唐书·南蛮西南蛮传》记载，牂牁蛮“刻木为契。其法：劫盗者二倍还赃；杀人者出牛马三十头，乃得赎死，以纳死家”。《旧五代史·外国列传二》记载，“牂牁蛮，其国法，劫盗者三倍还赃，杀人者出牛马三十头乃得赎死。”⑤ 由此可见，赔命价曾经是一种广泛存在的古老制度。

在我国，赔命价更多的是存在于少数民族习惯法中。关于苗族的赔命价，《贵阳通志》，明朝隆庆年间，“贵州安国亨、安智各起兵仇杀”，朝廷令安国亨“照夷俗，令赔偿安信等人命……纳银罚治，皆照夷俗价赎”。贵州布政司冯光裕在奏请在新辟苗疆适用“苗例”的奏折中说：如按苗例杀人伤人赔牛赔谷。“在出牛谷者，出此牛谷已无余事，殊觉相安。”湖南巡抚高其倬请

① 【古罗马】塔西佗著，马雍、傅元正译：《阿古利可拉传——日耳曼尼亚志》，商务印书馆 1958 年版，第 38 页。转引自高仰光：《论日耳曼法中的赔命价制度》，载《比较法研究》，2006 年第 3 期。

② 转引自海乃拉莫、曲木约质、刘尧汉编著：《凉山彝族习惯法案例集成》，云南人民出版社 1998 年版，第 13 页。

③ 《后汉书·乌桓鲜卑列传》，中华书局 1965 年版，第 10 册第 2980 页。

④ 《魏书》卷 111《刑罚志》，中华书局 1974 年版，第 8 册第 2873 页。

⑤ 转引自苏钦：《“苗例”考析》，载《民族研究》，1993 年第 6 期。

在湖南乾州、凤凰、永绥三厅仿贵州苗疆运用“苗例”的奏折中亦称：“苗性、苗俗相延，视杀伤为轻，以得利为重。若凶手之家，多出骨价，尸亲事主亦多尽即情愿吃血誓神，解仇了事，不愿终讼。”①

居住在云南省的景颇族，其传统法律对杀人、伤人罪的处罚，不判处罪犯死刑，而要求赔偿被害人的“命价”。“命价”一般为8—10头牛不等。此外，还要按身体各部位如头发、脑子、眼睛、耳朵、手脚、肋骨、肚子、肠子、腰、脊骨和身体分别以羊毛、玛瑙或银子、宝石、打火石、大刀、长矛、瓮罐、料珠、铁三脚架、枪、锅、饰银泡衣服等进行赔偿。②

独龙族地区，时有集体械斗的事件发生，调解时如双方死亡的人数相等，则人命相抵；如一方多死了人，则要赔偿命金。按他们的习惯，一个男人要赔9件东西，女人要赔7件，赔偿的东西要有一两头牛，其余的都是刀、锅、三脚架之类的东西。命金由全村共同平摊，如系私人纠纷则由当事人赔偿，但亲戚间亦有相帮的义务。③

怒族若发生命案则必须赔偿命金，命金数目按习惯规定为活牛、干牛各7头（干牛可以实物折抵），命金必须全部付清不能拖欠。在这种情况下，往往由家族近亲成员帮助共同解决。按照习惯法，死者家属在二三年后还可以通过中证人向对方提出索取

① 苏钦：《“苗例”考析》，载《民族研究》，1993年第6期。

② 徐中起等主编：《少数民族习惯法研究》，云南大学出版社1998年版，第27页。

③ 张冠梓：《论法的成长——来自中国南方山地法律民族志的诠释》，社会科学文献出版社2002版，第71页。

第2次命金，第2次命金规定为活牛1头，并由对方杀猪1口，备酒招待死者家属，中证人以红白线各1根从中割断并抛以血酒，经过这一简单仪式之后，双方可以重修和好。①

在傈僳族地区，如因酒后醉杀他人致死或致伤，可按情节轻重赔以恤金。如系轻伤，除向伤者道歉外，须送1只鸡、一点漆油；如系重伤，则应负责医治。如人已死亡，则要赔百元以上的半开银币作为抚恤金。②

西双版纳傣族地区，出钱请凶手杀人致死，主使者与凶手各赔偿一半，罚款也同；若只是口议，行凶未造成事实，各罚550罢滇。没有罪而被杀，罚凶手3300罢滇，赔人命银1100罢滇。③

土族习惯法规定：打死人，即须赔命价，命价由双方协商。最少的也须出二百两银子或用牲畜、粮食折成银价。命价的具体数额无固定标准，视对方家产而定。有时命价过高，则凶手的亲友、村人都须负担，牵连甚广。赔过命价，凶手不再受处分。即“罚了不打，打了不罚”。④

哈萨克族，打死人往往以罚代刑，用牲畜抵偿命价。命价数额根据死者身份不同而多少不等。贵族与平民相差很大，平民打死贵族要以七命偿一命的命价银偿付，而贵族打死平民就赔得

① 张冠梓：《论法的成长——来自中国南方山地法律民族志的诠释》，社会科学文献出版社2002版，第79页。

② 张冠梓：《论法的成长——来自中国南方山地法律民族志的诠释》，社会科学文献出版社2002版，第79页。

③ 张冠梓：《论法的成长——来自中国南方山地法律民族志的诠释》，社会科学文献出版社2002版，第143页。

④ 高其才：《中国习惯法论》，湖南人民出版社1995年版，第358页。

轻。女人的命价只及男人的一半。父母杀死其子女、怀孕妇女杀其丈夫、主人杀其奴仆可免其处罚。[①]

羌族习惯法严禁非法剥夺他人性命，对故意杀人害命者予以严厉的处罚。故意杀人一般要看是杀外村寨（氏族）之人，还是本村寨（氏族）之人，杀死外村寨（氏族）之人，任其受害者氏族成员进行血亲复仇，以命抵命。当抓不到凶手，或引起氏族之间冤冤相报不止时，两村寨（氏族）再进行谈判协商，由凶犯家以钱财赎罪。故意杀死本村寨（氏族）之人，须以命偿命。过失杀人，由过失者负责安葬死者，并赡养死者的父母及未成年的子女。如果被害者也有理亏之处，在征得受害方家属和家族同意的情况下，交纳"命价"款折抵处罚，其价格一般为"男一千，女八百（银元）"[②]。

彝族关于杀人罪的处罚，也是根据犯罪情节和被害人的身份等级，规定了不同的赔命价的金额。例如，家族内部发生的人命案，被认为是性质严重的犯罪，一般须以令其自杀的方式抵命。但如果被害者理上有亏，或死者留有遗嘱，要求不予追究，则由"德古"（家族中德高望重者）调解改为赔命价。[③] 直至今日，彝族赔命价仍在社会生活中发挥作用，且有其特别之处。

藏族赔命价在吐蕃王朝时期，处于蓬勃发展时期。在元朝，由于统治者大力推行国家法，赔命价制度受到严重打击，处于衰

---

① 孔玲：《"赔命价"考析》，载《贵州民族研究》，2003 年第 1 期。

② 李鸣：《碉楼与议话坪——羌族习惯法的田野调查》，中国法制出版社 2008 年，第 256 页。

③ 杨怀英、黄名述、程正宗等著：《凉山彝族奴隶社会法律制度研究》，四川民族出版社 1994 年版，第 63—65 页。

微阶段。明清时期，在多种因素的共同作用下，中央王朝对赔命价制度实际上采取了任由其自由发展的态度，赔命价制度又逐步恢复。“民国后期青海贵德地方法院为此曾专门呈文国民政府司法行政部请求，允许对该地蒙藏民族案件沿用旧例，经研究因与法权统一相背，未准。”① 新中国成立后，大力推行国家制定法，赔命价制度曾经一度从人们的视野中消失了。改革开放以后，由于政治环境的逐步宽松，赔命价制度又开始出现在人们的视野中，形成不小的影响力。

当前，赔命价制度在我国主要存在于藏族聚居区和彝族聚居区。政府从根本上来讲是否定这种习惯法的，但是由于各方面的因素，暂时并未找到一个好的解决办法。笔者认为，要真正解决这一问题，就必须站在当地的经济文化环境中去分析它对当地人的意义，只有了解其历史、现状，才可能真正解决问题。本章的主要目的在于分析赔命价产生及其发展过程中可能存在的一些经济理性因素。笔者认为，这是赔命价制度能够长期存在的重要原因之一。需要说明的是，随着时间的推移，社会的发展，曾经的合理性不代表其在今日仍然是合理的。但是，我们必须努力去发现现在仍然存在的优势，这种优势是相对于国家法而言的。只有这样，我们才能明白，当地人为什么会选择它？进一步，我们才能找到更好的办法来协调它与国家法之间的关系。

---

① 顾建华：《青海蒙藏地区“赔命价”和“罚服”规范探析》，载《青海社会科学》，1990 年第 1 期。

第一节　赔命价制度产生的合理性

赔命价制度是怎样产生的？或者说，赔命价制度在产生之初，相对于之前的制度，有哪些优点？这也是制度经济学研究中最重要的问题之一。

一、从血亲复仇到赔命价

（一）从血亲复仇到赔命价

有学者认为，在荷马史诗时代，“对谋杀的制裁只是受害人家庭的复仇，完全在任何关于权利或救济的公共框架之外运作”，“哪怕受害人是国王，情况也是如此。”① 换一种说法，“谋杀，即使是对国王的谋杀，也是一种私事。是否为他复仇是由受害者的亲属来决定的事情。”② 波斯纳举例说，“谋杀阿伽门农是犯法的，但不是犯了迈锡尼城邦的法律，而只是犯了阿伽门农及其家族的法。更重要的是，由于儿子对父亲的王位也没有高于他人的法律权利主张，因此，当奥瑞斯忒斯为阿伽门农复仇时，他竟然纯粹是以个人身份进行的，他既不是国王，也不是王子，而只是一个渴望复仇的人，他并不比埃癸斯托斯有更大的法定权利。”③

① 【美】理查德·A·波斯纳著，苏力译：《正义/司法的经济学》，中国政法大学出版社 2002 年版，第 124—125 页。

② 【美】大卫·D·弗里德曼著，杨欣欣译：《经济学语境下的法律规则》，法律出版社 2004 年版，第 377 页。

③ 【美】理查德·A·波斯纳著，苏力译：《正义/司法的经济学》，中国政法大学出版社 2002 年版，第 125 页。

也就是说，复仇是最初的救济方式。

拉法格说："带给一个野蛮人的侮辱，整个氏族都会有所感觉，好像它是带给每个成员亦有。流一个野蛮人的血，等于流全氏族的血，氏族的所有成员都负有为侮辱复仇的责任。"[①] "一个人被害了，于是不但其氏族的人，便是祖先的鬼也要求一条命来赔偿，由此便发生血属复仇，故血属复仇是由于'集体的责任'一条原则。"[②] 直至原始社会末期，羌族仍然生活在经济水平比较低下的生活中，"有着共同血缘的氏族成员，都处于平等地位，他们彼此之间相互援助和互相保护，特别是受到外氏族成员的伤害后，全体氏族成员都要义无反顾地为自己的同胞复仇，让外氏族人受到严厉的惩罚，用这种方法来保障氏族内部成员的生命和财产的安全。这就是马克思指出的：'这些村落的居民来自一个血统，有着共同的语言和风俗，必须相互遵守法律，在法律上互相帮助，合力攻击和防御。'原始的血亲复仇往往把仇人的整个氏族视为复仇对象，从而酿成氏族间大规模的械斗，有的甚至进一步扩大为灭绝人性的战争。"[③] 复仇不仅是受害者的子女的义务，也是其近亲属的义务，甚至是其氏族所有成员的义务。确定义务人范围的一个原则就是要使大多数案件都能由业已确定的义务人有足够的势力去完成复仇的义务。否则，将出现势单力薄不能复仇的情况。此时，一种补救的办法就是采取非常规办法扩大

① 转引自李鸣：《碉楼与议话坪——羌族习惯法的田野调查》，中国法制出版社2008年，第89页。

② 林惠祥：《文化人类学》，商务印书馆1991年版，第207页。转引自高其才：《中国少数民族习惯法研究》，清华大学出版社2003年版，第21页。

③ 李鸣：《碉楼与议话坪——羌族习惯法的田野调查》，中国法制出版社2008年，第88页。

义务人的范围，增强其势力从而达到复仇的目的，就像古代党项羌人的做法一样。

亲属复仇，也就是血亲复仇，作为一项古老而有力的原始习惯法，在不同地域、不同种族、不同民族间广泛存在而且内容相差无几。“在雪域藏区，若某人无故被杀后，其亲友为其报仇而采取的杀戮行为被认为是正义的，不予治罪。果洛藏区习惯法规定：‘凡属结怨于我之部，以饵食诱外囊内服，或以暗探等合适计谋确认敌对，由长官发令召集相当精悍人马为伍，复仇掠夺。’”[①] 哈比斯人“在亲属被杀害甚或被侮辱、殴打的案例中，家族间的复仇杀人同样也是一种责任：族间血仇，哈比斯人称之为 Rekba，是规定在名誉法中的。”[②] 材料所说的“是规定在名誉法中的”不仅表明这是一种义务，而且是一种关乎个人荣誉的义务。如果不能替死者复仇，义务人将失去所有的荣誉。有学者认为：“报仇可说是一种神圣的义务。”[③] 神圣即关乎荣誉。在澳洲西部，一个土著人不完成他的报仇工作，老妇人会嘲骂他，他的妻子会离弃他；如果他尚未结婚，则他将娶不到妻子；他的母亲会伤心落泪，他的父亲会鄙视责罚他。[④]“如果一个人伤害了另一个人，在社会发展的报复阶段，受害者的亲属对受害者承担着义务，他们只有杀死或者伤害了伤害者或伤害者的某个亲属才能完

① 吕志祥：《藏族习惯法：传统与转型》，民族出版社 2007 年版，第 34 页。
② 许章润主编：《犯罪——社会与文化》，广西师范大学出版社 2003 年版，第 135 页。
③ 瞿同祖：《中国法律与中国社会》，中华书局 2003 年版，第 73 页。
④ 参见瞿同祖：《中国法律与中国社会》，中华书局 2003 年版，第 73 页。

成这种义务。"[①]"在阿拉伯人中，亲属复仇的义务在其他一切义务之上。在有的社会中，复仇更与其他的权利相连，在古代斯堪的纳维亚父仇未报他是不能享受继承权的，这样复仇便成为获得某种权利以前所必尽的义务了。"[②]与之类似，我国"古代党项羌亦盛行血亲复仇习俗，未复仇者，必须蓬头垢面、跣足蔬食，直到斩杀仇人，方能恢复常态，成为氏族中的合格成员。若男子因力薄不能报者，则集中本种姓的壮妇，饱餐牛羊酒食之后，'趋仇家纵火，焚其庐舍'。"[③]也就是说，替死者复仇是其亲属必须完成的义务。若不能完成，义务承担者将成为"限制行为能力人"。直到复仇完成，义务人方能恢复其"行为能力"。这里所说的"行为能力"，是指享有一个合格氏族成员所享有的权利的资格。这一规定实际上就是迫使义务人不惜一切代价去完成复仇这一任务，惩罚加害者，并使潜在的加害者受到威慑。

彝族格言说，"不保护一穗谷子，十穗会被割光，不保护一个人，全家支都被杀光"，"不维护一户，全家支保不住；不维护家支，一片被抢光。"[④]"当以报复相威胁是对不当行为的唯一震慑时，很重要的一点就是这种威胁一定要可信，而如果潜在的报复者只有一个，这种威胁常常就不那么可信。即使在赔偿取代了报复以后，也还是一定要有一种可信的报复威胁作为背景来强制

---

① 【美】理查德·A·波斯纳著，苏力译：《正义/司法的经济学》，中国政法大学出版社 2002 年版，第 200 页。

② 瞿同祖：《中国法律与中国社会》，中华书局 2003 年版，第 73 页。

③ 李鸣：《碉楼与议话坪——羌族习惯法的田野调查》，中国法制出版社 2008 年，第 239 页。

④ 陈金全、巴且日秋主编：《凉山彝族习惯法田野调查报告》，人民出版社 2008 年版，第 158 页。

赔偿的支付。”[①] 也就是说，在初民社会中，由于缺乏公力救济手段，任何侵权行为都只能通过私力救济来解决。因此，必须要有一个团体，形成一种合力，才能对潜在的威胁构成强大的威慑。“除了要有一个风险基金外，需要保持一种令人可信的报复能力，这就是为什么在初民社会人们认可的亲属群体要大于其在现代社会的另一个理由。”[②] 关于亲属群体的风险分摊功能，将在第五章中进行论述。

血亲复仇，有的社会采取以眼还眼、以牙还牙的态度。你杀了我的兄弟，我也杀死你的兄弟；你打掉我的牙齿，我也打掉你的牙齿。《摩奴法典》和《圣经》都有类似的规定。有的将致害人本人、亲属甚至族人都纳入复仇对象的范围；有的则仅将致害人本人作为复仇对象。有学者认为，“无目标的复仇实较有目标的辨别的复仇为原始。他认为人类智力的发展使人们渐渐发觉遏制为非作恶最好的办法是对作恶者予以惩罚，于是复仇由第一期进到第二期。”[③] 这是复仇的对象范围发生了变迁，同时也意味着神判的应验对象范围发生了变化。

无论如何，“侵权的最早救济手段——报复，这常常会导致一种世族复仇——很快产生出一种赔偿制度，由伤害者或其亲属向受害人或其亲属支付（血财、和解偿还、慰藉金）。”[④] 根据

---

① 【美】理查德·A·波斯纳著，苏力译：《正义/司法的经济学》，中国政法大学出版社 2002 年版，第 200 页。

② 【美】理查德·A·波斯纳著，苏力译：《正义/司法的经济学》，中国政法大学出版社 2002 年版，第 200 页。

③ 转引自瞿同祖：《中国法律与中国社会》，中华书局 2003 年版，第 75 页。

④ 【美】理查德·A·波斯纳著，苏力译：《正义/司法的经济学》，中国政法大学出版社 2002 年版，第 199 页。

《玉树调查记》的记载："甲族之人杀乙族之人，乙族出兵以报之，而其出兵，也虚张声势，迟延不前，以待丙族之调停，苟甲族服罪，输财，则兵立罢。两造欣然完结，即深仇夙怨，亦皆冰释。"① 笔者认为，材料中所说的"乙族出兵以报之"，就是血亲复仇的态势；但是为了避免这种义务，于是他们"迟延不前"；这时他们希望的是有第三方的调停，"以待丙族之调停"就是这个意思。他们希望能够引入另一种解决方式——"输财"，也就是赔偿命价。他们此时的法律规避行为是一种理性的行为选择，将产生一种有效率的社会结果。"独龙族对于违反社会成员行动规范的人通常进行批评和教育，罪过重者实行物质惩罚，或实行血的复仇。不过血的复仇是稀有的现象，他们往往不惜通过艰苦的调解，对于死难的家庭成员给予物质上的补偿，避免用血的复仇。"② 这则材料说明了初民社会中的人是如何避免血亲复仇而选择以赔偿方式解决纠纷的，这也说明了赔命价的产生是有着切实的社会基础的。这其中的经济理性问题将在下一个大标题"血亲复仇的成本"中进行论述。

"最初，接受赔偿是选择性的，并且也承认对伤害者实施报复的权利。但是后来，接受赔偿而认为报复不合规矩就变成习惯性的了。"③ 当赔命价制度使用越来越频繁，而血亲复仇越来越少

① 周希武编著：《玉树调查记》，青海人民出版社 1986 年版，第 72 页。转引自陈光国：《试论藏区部落习惯法中的刑法规范》，载《西北民族学院学报》（哲学社会科学版），1997 年第 3 期。

② 张冠梓：《论法的成长——来自中国南方山地法律民族志的诠释》，社会科学文献出版社 2002 版，第 72 页。

③ 【美】理查德·A·波斯纳著，苏力译：《正义/司法的经济学》，中国政法大学出版社 2002 年版，第 199 页。

的时候，也就完成了从血亲复仇到赔命价的自然过渡。

（二）从私和罪说起——中国古代中央王朝看血亲复仇

在中国古代的中央王朝立法中，有一项罪名是与赔命价有关的。不过，在这些法律中，没有“赔命价”这个名词。这项罪叫“私和罪”，唐宋明清的立法中都有这项罪名。其大意是指受害人亲属“受财私和，贪利忘仇，无骨肉情，其情可恶”[①]，对此，中央王朝历来认为“更不可恕，所以处分更重”。要注意，这里有两个“更”字，中央王朝的价值取向也就体现在这里了。

《唐律疏义》17《贼盗》：“诸祖父母、父母及夫为人所杀，私和者，流二千里；期亲，徒二年半；大功以下，递减一等。受财重者，各准盗论。虽不私和，知杀期以上亲，经三十日不告者，各减二等。”[②]“疏”义曰：“祖父母、父母及夫为人所杀，在法不可同天。其有忘大痛之心，舍枕戈之义，或有窥求财利，便即私和者，流二千里……‘受财重者，各准盗论’，谓受仇家之财，重于私和之罪，假如缌麻私和，合徒一年；受财十匹，准盗徒一年半之类。”[③]《宋刑统》17《贼盗律》，“亲属被杀私和”条规定：“诸祖父母、父母及夫为人所杀，私和者，流二千里；周亲，徒二年半；大功以下，递减一等。受财重者，各准盗论。虽不私和，知杀周以上亲，经三十日不告者，各减二等。”[④]《明律·刑律·人命》“尊长为人杀私和”条规定：“凡祖父母、父母及夫，若家长为人所杀，而子孙、妻妾、奴婢、雇工人私和者，杖一百，徒三年。期亲尊长被杀，而卑幼私和者，杖八十，徒二

---

① 瞿同祖：《中国法律与中国社会》，中华书局2003年版，第93页。

②③ 刘俊文点校：《唐律疏议》，法律出版社1999年版，第361页。

④ 薛梅卿点校：《宋刑统》，法律出版社1999年版，第315—316页。

年。大功以下，各递减一等。其卑幼被杀，而尊长私和者，各减一等。若妻妾、子孙及子孙之妇、奴婢、雇工人被杀，而祖父母、父母、夫、家长私和者，杖八十。受财者，计赃，准窃盗论，从重科断。常人私和人命者，杖六十。”①《清律例》26《刑律·人命》，“尊长为人杀私和”条规定：“凡祖父母、父母及夫，若家长为人所杀，而子孙、妻妾、奴婢、雇工人私和者，杖一百，徒三年。期亲尊长被杀，而卑幼私和者，杖八十，徒二年。大功以下，各递减一等。其卑幼被杀，而尊长私和者，各减一等。若妻妾、子孙及子孙之妇、奴婢、雇工人被杀，而祖父母、父母、夫、家长私和者，杖八十。受财者，计赃，准窃盗论，从重科断。常人私和人命者，杖六十。”② 条文中解释，“常人，为他人。”③ “亲等愈近则私和罪愈重，这一点应和亲属报仇责任的大小参看……唐宋律祖父母、父母被人杀死，子孙私自和解的流二千里，期亲以下的尊长服制渐远，仇渐轻，罪亦渐减，所以期亲尊长被杀而卑幼私和的徒两年半，大功徒二年，小功徒一年半，缌麻徒一年。”④ 明清虽具体刑罚不同，但刑罚设置的原则是一样的。这里我们看到，不仅尊长被人所杀不能私和，卑幼为人所杀亦不能私和。否则，都将受到法律的制裁。

所谓“更重”，可以从两个对比上来看。第一，“单从法律的立场来讲，私和罪至满徒，明、清擅杀父母之仇人不过杖刑，登

① 怀校锋点校：《大明律》，法律出版社 1999 年版，第 157 页。
② 田涛、郑秦点校：《大清律例》，法律出版社 1999 年版，第 441—442 页。
③ 田涛、郑秦点校：《大清律例》，法律出版社 1999 年版，第 442 页。
④ 瞿同祖：《中国法律与中国社会》，中华书局 2003 年版，第 92 页。

时杀死，且可无罪，亦可见孰轻孰重了。”[①] 第二，“唐、宋、明、清律受财私和是计赃按盗贼从重论罪的。”[②] 该研究者认为：“从私和的规定中，我们也可看出法律对复仇的看法和处置，一方面觉得国法所在，不能任子孙随意私自报复，另一方面却又受了礼经复仇不共戴天的影响，认为父母被人杀死，子孙不告官请求申冤而私自和解，实非人子之道。违法报仇，尚不失为孝子之心；从伦理上讲，也并不为非，私自和解便是忘仇不孝。所以前者还情有可原，常得社会上的叹许和法外宥减；后者则大悖孝道，将为社会所齿冷，法律所不容了，实受社会和法律两种制裁。”[③] 这段话清晰地描述了中国古代中央王朝在对待复仇一事上的矛盾立场。

复仇一事，“英国在十世纪时，意大利一直到十六七世纪时还有此风。”[④] 我国则不同，从汉朝开始，约公元前一世纪开始，中央王朝的法律便开始强调犯罪应该由国家制裁，逐渐禁止血亲复仇。然而，在这之前，复仇之风还是很严重的，甚至得到中央王朝的许可。《周礼》就记载了报仇的法律规定，“报仇有法定的手续，也有专管报仇事务的官吏，只要在事先到朝士处[⑤]登记仇人的姓名，将仇人杀死便可无罪。又有调人之官，专司避仇和解的事，并且规定复仇只以一次为限，不许反复寻仇。”[⑥] 这里有两

① 瞿同祖：《中国法律与中国社会》，中华书局2003年版，第92页。

② 瞿同祖：《中国法律与中国社会》，中华书局2003年版，第93页。

③ 瞿同祖：《中国法律与中国社会》，中华书局2003年版，第92页。

④ 瞿同祖：《中国法律与中国社会》，中华书局2003年版，第73页。

⑤ 朝士，《周礼·秋官·朝士》：“朝士掌建邦外朝之法。”朝士为古代官名，掌外朝官次和刑狱等。孙希旦集解：“愚谓外朝，治朝也。”

⑥ 瞿同祖：《中国法律与中国社会》，中华书局2003年版，第77页。

个信息是值得关注的，笔者将在下一段中进行论述。战国时期报仇之风更盛，甚至有抱不平而专门为人报仇的刺客。

首先，调人①的职责就是“避仇和解”。后代的法律仿照这种规定，有了会赦移乡的办法。就是说，如果凶手已经国法处置，便是正义已伸，被害人亲属便不应当再报仇。但是，一旦凶手遇赦回乡，被害人亲属便想法寻仇，政府为了避免寻仇，将凶手转移到其他地方去居住。这种办法一直被保留到清朝。二是不许反复寻仇。汉朝桓谭在建武初年上疏称：“今人相杀伤，虽已伏法，而私仇怨结，子孙相报，后忿深前，至于灭户殄业……今且申明旧令……”这实际上说明了反复寻仇形成世仇，循环不止，造成严重的社会灾难。

研究者称，从桓谭的上疏中“可知至少在西汉末年已经有禁止复仇的法令，桓谭不过是请光武重申前令，以防止恶风之滋长而已”。②“不过复仇的习惯久已深入人心，所以一时不易禁止，不时三令五申，仍不能根绝此习。”③以后各朝，多有颁布诏书禁止复仇者。曹操、魏文帝、元魏世祖、梁武帝都曾颁布过禁令。魏律对于复仇的处罚重至诛族，元魏更为严峻，不但报仇者诛及宗族，邻伍相助者亦同罪。北周对复仇者也处以死刑。当然，历

① 调人，《周礼·地官·调人》：“调人掌司万民之难而谐和之。”郑玄注：“难，相与为仇。谐犹调也。”孙诒让正义：“古者不禁报仇，而有调和之令，此官主司察而治之。”调人掌调解民间怨仇。规定因过失杀伤人或鸟兽者，集众调解。杀人者如因赦得免，令其远行，以避被害者亲属。如杀被害者及子弟徒党，则通令天下捕杀。如义杀，令死者子弟不得相仇。民间纠纷争吵，令以调解，调解不成，听候处理，不准报复。

② 瞿同祖：《中国法律与中国社会》，中华书局2003年版，第77—78页。

③ 瞿同祖：《中国法律与中国社会》，中华书局2003年版，第79页。

史中也存在例外，元朝即为一大例外。元律中就有复仇的规定，若父母为人所杀，儿子报仇杀死仇人不但无罪，杀父之家还需再赔付沙埋银。

虽然如此，各朝各代血亲复仇的案例仍不绝于书。为尊长、朋友复仇者，往往不但能免于刑罚，还多有受到统治者褒奖的案例；依律定罪，不加赦宥的倒是少数了。[①]“从复仇罪和私和罪的关系中，我们可以看出法律对复仇事件的态度是要求子孙依据法律程序告官请求申雪，私下不究或私行擅杀都是法律所不容许的。”[②] 中央王朝在法律规定和伦理道德间左右为难，案件处理也往往因人而异。但经整体观察，仍可发现中央王朝还是要求将犯罪交由政府处理，不能任由私力救济发展。

以上所述，是中国古代中央王朝对血亲复仇的态度的大致情况。本标题论述的观点、材料多数来自瞿同祖先生的论著，笔者仅作了简述。但是，接下来的论述则不再是一种转述，而是笔者的个人见解了。

其实，私和罪和赔命价在性质和内容上都是基本一致的。其原理还是以赔偿代替复仇。所不同的是，私和罪是中国古代中央王朝出于礼义道德对这种制度的否定性评价；赔命价则是各民族自然接受了这种制度所给予的肯定性评价。同样一个制度，为什么会得到两种截然相反的评价呢？这是因为，中国古代社会在儒家文化影响下，习惯于透过“道德”这个有色眼镜来观察所有的人和事。从道德角度来看，以赔偿代替复仇，是彻底的见利忘

① 瞿同祖：《中国法律与中国社会》，中华书局2003年版，第82—89页。
② 瞿同祖：《中国法律与中国社会》，中华书局2003年版，第93页。

义。在道德这个观察镜下，这种制度是绝对不能被允许存在的。而世界上其他各地许多民族，包括中国的许多少数民族，由于没有这种文化的束缚，而接受了赔命价这种更富有经济效率的制度设计。但是，我们不能因此说国家制裁比赔命价更先进、更合理，也不能说赔命价比国家制裁更合理。否则，我们就是忽略了社会历史的复杂性，而陷入一种简单的道德判断了。

此外，笔者还要分析的就是，唐、宋、明、清律都规定了私和罪，这又是为什么？是纯粹杞人忧天吗？笔者可不这么认为。笔者认为，与其说是杞人忧天式的一种理论假设，不如说是一种真实的潜在的可能选择。因为私和是一种一直真实存在的潜在可能性，如果没有私和罪这种制度设计的话，很可能将出现大量的私和现象。正是通过私和罪这种制度设计，提高了私和的成本，这种成本既包括社会评价，还包括国家制裁。在复仇、告官和私和三者之间，正如笔者将在下一个标题中所论述的一样，私和赔偿是一种更有经济效率的制度。由于私和罪的存在，加大了私和的成本，私和成了最不划算的选择。在一个经济未能取得重大发展，生存仍是首要任务的时代，赔偿始终都是一项有诱惑力的选择，正是这种压力的存在，私和罪才一直被统治者列入立法范畴。

二、血亲复仇的成本

有学者认为："在原始社会中，由于功能分化程度比较低，纠纷的解决缺乏严密的制度，选择的余地也极为狭窄。实现正义的方式是自力救济和血亲复仇。但结果却基本上是由力量对比关系决定的，代价太大，也并不一定符合正义，于是需要公正的第三者。”① 虽然这段话的主要目的是讲法律程序产生的过程，但也指出了血亲复仇的不合理性，血亲复仇存在巨大的社会成本。

（一）机会成本

其实，我们很容易推想血亲复仇的弊端：这种复仇并不一定能获得胜利，尤其是当致害人一方的实力明显强于已方的时候。但是，迫于血亲复仇这种古老规则的压力，受害人的亲属不得不进行复仇。在第一章中，我们就已经说过机会成本这个词，它是指为得到某种东西而可能丧失的东西。在这里，复仇方要得到的是一种古老的“正义”。它的机会成本就是复仇失败的损失。如果复仇失败，则己方将蒙受更大的损失。双方也因此而结成世仇。

即使复仇成功，己方的损失得到了心理上的抚慰，但是没有得到任何物质补偿，而对方也遭受更大的损失。血亲复仇的结果就是双方都遭受到巨大的损失，而没有人获得胜利。这是一种没有效率的行为。

因此，不管胜败如何，血亲复仇的结果都是既不利己，也不利人的。它不会导致社会财富的增加，而只会减少社会财富。这种状况必须得到改变。于是，产生了“赔命价”这种处理方式。较之血亲复仇，“赔命价”是有一定进步性的。它的进步性主要体现在它减少了暴力对抗，积累了社会财富。因此，从社会财富增长的角度来讲，它是有效率的。“从整个社会的角度来看，赔偿是比报复更为便宜的一种救济手段，因为它只涉及一种转移支

① 季卫东：《法律程序的意义》，中国法制出版社2004年版，第44页。

付，而不是摧毁某个人或他的财产。”[①] 通过引入“赔命价”，受害方和致害方都获得了比血亲复仇状态更好的结果。通过“赔命价”，受害方得到了经济补偿，致害方保全了性命；双方都能进一步保存财富。对于整个社会而言，这相对于血亲复仇无疑是一种有益于整个社会的进步，因为它为整个社会保存了财富。

胜负难料，这是一项巨大的机会成本。况且，复仇之后还有复仇，谁都无法成为永久的胜利者。沉重的代价一定会降临到每一个人身上。

（二）沉没成本

所谓沉没成本，是指“已经发生而且无法收回的成本”[②]。在以人力为主要劳动力的社会中，人本身就是重要的社会财富。逝去的生命就是一种重要的“沉没成本”。任活着的人如何争斗、如何分配利益，逝去的生命都不可能再活过来。这也就是我们常说的“死者长已矣”。

在血亲复仇阶段，双方的血战还会进一步造成人身伤亡和财产损失。这些人身伤亡和财产损失中的很大一部分是不可能恢复原状的，也就是说，这些是一笔新的沉没成本。赔命价制度的产生，并不能挽回已经逝去的生命，但是，它可以避免因此而带来的新的人身和财产损失。换言之，赔命价可以避免二次损失。

对于这一问题，我们可以通过两个案例来做说明：

① 【美】理查德·A·波斯纳著，苏力译：《正义/司法的经济学》，中国政法大学出版社2002年版，第199页。

② 【美】曼昆著，梁小民译：《经济学原理》，机械工业出版社2003年版，第248页。

【案例1】隆巴故意伤害（致人死亡）案

被告人隆巴于1965年4月22日和同公社日赛队社员豆格、压欠队换管等6人，去本县青美乡给生产队买粮。途中因一条皮绳的所有权问题，两次与日赛队的豆格发生争执并打架。5月1日在第二次打架时，隆巴抽出自带腰刀向豆格身上戳了两刀，一刀戳在左胳膊上，一刀戳在右胳膊窝处，当即被众人拉开。5月2日被害人豆格被送医院抢救，因感染，治疗无效，于1965年5月9日死亡。

根据当时政策和有关规定之精神，结合群众意见，同德县人民法院判处过失杀人犯隆巴有期徒刑7年。

隆巴刑满回来后，被害人豆格的弟弟项秀即寻机为兄报仇。1974年1月12日项秀在放牧时，看见隆巴一人在山梁上放牧，以为为兄报仇时机已到，当即就地拾起一块石头向隆巴扑去，当隆巴发现并转身逃跑时，项秀即用准备好的石头向隆巴打去，击中了隆巴的头后部，致隆巴晕倒在地。项秀不顾隆巴的再三求饶，抽出自带的藏刀，朝隆巴左耳根戳去，隆巴大量出血，项秀却扬长而去。后隆巴因伤口流血过多，伤势严重，经3个月医治无效后死亡。

同德县人民法院依法对报复行凶致死人命犯项秀判处有期徒刑12年。

项秀刑满后，隆巴的家族又想把项秀杀掉。项秀无法在该村继续居住，只好搬迁到别村落户。虽然迁到外村，但隆巴家族仍旧报仇。后来由海南藏族自治州人大常委会副主任、活佛黄加羊出面以宗教形式解决后，项秀家才又返回原村居住。①

在这则案例中，我们首先要注意到的是对隆巴的判决，“根据当时政策和有关规定之精神，结合群众意见，同德县人民法院判处过失杀人犯隆巴有期徒刑7年。”也就是说，当时并未按照赔命价方式处理，而仅判处了隆巴有期徒刑7年。其次，我们要注意到一个隐藏信息，那就是在对项秀进行判决后，项秀家没有对隆巴的死赔偿命价。这也是隆巴家族想要杀死项秀为隆巴报仇的原因。再次，也就是案件的最后，所谓“以宗教形式解决”，实际上就是以赔偿命价的形式解决。当然，赔命价的一部分就是由致害人出钱买经书送给寺院，由寺院做法事超度亡魂。

在这个案件中，豆格的生命就是第一笔沉没成本。如果以赔命价形式解决，则不会产生第二笔沉没成本——隆巴的生命。如果案件还不能以和平的方式解决，很可能还会产生第三笔沉没成本——项秀的生命。这则案例以鲜明的事实向我们显示习惯法的生命力是如何的顽强。即使项秀知道杀死隆巴将给自己带来严重后果，他仍义无反顾的要为其兄长报仇。在初民社会，受害者家属的报仇之心只会更强烈。也就是说，产生第二笔沉没成本乃至第三笔沉没成本的可能性更大。

【案例2】多杰仁增故意杀人案

被告人多杰仁增于1984年4月27日与牧民多杰太一同放牧，

① 张济民主编：《渊源流近——藏族部落习惯法法规及案例辑录》，青海人民出版社2002年版，第182—183页。

为驱赶多杰太羊群发生口角，引起斗殴。在殴打中，被告人多杰仁增抽出随时携带的长20厘米的藏刀朝多杰太面、头、腹部连刺26刀，致多杰太重伤。此时多杰太之子羊吉加赶到，向多杰仁增的右臂打了一石头，向头部左侧打了一棍，多即向羊加吉腹部猛刺一刀，当羊吉加左手拉住多杰仁增的衣领，右手拿着木棍，把多推倒压在地上时，多又向羊的胸、背部连刺三刀，致羊吉加当场死亡。多杰仁增杀人后，到沙沟公社投案自首。

海南藏族自治州中院经公开审理判处多杰仁增死刑，缓期2年执行，剥夺政治权利终身，并报经青海省高院核准。

法院判决后，被告人亲属自愿出现金3000元来赔偿损失，给寺院买了经卷，政府部门和政法机关还对被害人亲属做了大量工作。案件虽经审结，被害人亲属还是没完没了地纠缠，把被告人家多年积累起来的烧柴及柴房放火焚毁，还处处追打被告人的妻子儿女。为了躲避被害人亲属的打骂，被告人的妻子儿女只得迁往他乡，当年的庄稼也无法收割，受到很大损失。①

在这个案例中，首先要注意到的一点是“被告人亲属自愿出现金3000元来赔偿损失，给寺院买了经卷”。这就是说，赔命价仍然是一种当地人深刻认同的习惯法，有着强大的支配力。其次，就是被害人亲属焚毁被告人家的柴房，并追打被告人的妻子儿女以致他们被迫迁居，当年的庄稼也无法收割。多杰仁增和羊吉加的生命是第一笔沉重的沉没成本。但是，由于赔偿的命价不

① 张济民主编：《渊源流近——藏族部落习惯法法规及案例辑录》，青海人民出版社2002年版，第158页。

能使被害人亲属满意，因此导致一系列二次损失。这些是第二笔沉没成本。而且，这种新的成本并没有使纠纷得到解决。

如果考量到已经逝去的生命是一种无法挽回的沉没成本，一种理性的选择就是避免更大的沉没成本产生。在赔命价制度下，没有血亲复仇所导致的新的人身伤害和财产损失，财物只是在双方当事人之间转移了所有权，而并没有直接损毁财物。从经济学的角度来看，赔命价只是使财物在社会中实现了流转，而没有减少社会财富。因此，赔命价相对于血亲复仇而言，是一种进步，是一种有利于社会财富增长的制度选择。波斯纳说，“我并不把这种从报复到赔偿的过渡归结为理性的增长、嗜血性的衰微或其他认为初民们和现代人之间在智力或偏好上有根本性差异的因素，而是简单地归结为财富增长了。”[①] 笔者认为，从报复到赔偿的过渡毫无疑问体现了初民的理性增长。这与波斯纳的看法是截然相反的。从报复向赔偿的过渡很好地体现出了初民在总结报复的缺点的基础上提出新的处理方法的能力，这就是其理性增长的一个最好证明。

三、宗教因素与经济因素的结合

在此，笔者试图进行一些分析，证明“赔命价”的产生是宗教因素与经济因素的结合。这里所说的经济因素，其核心就是指通过赔偿命价，使受害人一方得到实际利益，同时使致害人一方得到惩罚。笔者主要试图分析这种结合的可能性，而对于经济因

① 【美】理查德·A·波斯纳著，苏力译：《正义/司法的经济学》，中国政法大学出版社 2002 年版，第 199 页。

素的具体分析则将在下文展开。通过分析“赔命价”是如何将宗教因素与经济因素结合在一起的，将“赔命价”置于一个更完整的语境下来分析。

笔者认为可以这样理解，在佛教教义与宗族习惯法的双重规范下，人是一个复合体，是灵魂与肉身的复合体。任何一宗命案都是对两者的同时侵害。其结果自然要求对两者同时抚慰以求事情的和平解决。灵魂属于本人，通过宗教活动以取得对灵魂的抚慰，解救这个被害的灵魂；肉身则属于其家庭、亲属、宗族，因为他是为自己所在团体创造社会财富的工具，因此需要通过实际财物的支付以赔偿被害人所在的团体的物质损失。正是这种生命是一种复合体的认识，使得两者可以分别得到抚慰。在死者的灵魂得到抚慰的前提下，死者的亲属也就可以顺理成章的接受物质的补偿。这是“赔命价”的一体两面，不可分割的两面。

这种分析似乎还说得过去。但是，对于之前的血亲复仇又当如何解释呢？也许我们可以这样理解，在原始宗教观念里，人同样是一个灵魂与肉身的复合体。通过血亲复仇这样一种同态复仇形式，使得对方也毁灭一个灵魂，同时使得对方遭受同样的物质损失。也就是说，让死者的灵魂得到安慰和己方的物质损失得到心理安慰是合为一体的。诚如前述，血亲复仇的问题在于他们是通过毁灭对方来抚慰自己，双方都在消耗对方的社会财富。这是一个财富的双向消耗，社会理性不会允许这样的消耗一直继续下去。因此，人们经过反思找到了另一种抚慰方式。那就是从同态复仇转化为“赔命价”的形式，使得受害者的灵魂和受害方的物质损失分别得到安慰，以避免社会财富的双向消耗。

综上所述，我们可以看到，“赔命价”的产生在经济学视野下是有效率的，是一种理性的社会选择，为社会节约了财富。

第二节 当代青海藏族地区“赔命价”的经济意义

惩罚、威慑是刑法最重要的功能之一。“赔命价”是如何实现这一法的功能的呢？贝卡里亚认为，“对人类心灵发生较大影响的，不是刑罚的强烈性，而是刑罚的延续性。”① 通过“命价”的支付使致害方能够在相当长的一段时间内不断感受到惩罚的存在，“赔命价”正是通过这种“刑罚的延续性”来实现惩罚、威慑功能。笔者将通过引用一些典型案件中的“命价”的数额，并将这个具体的数字放到藏区的普通家庭中去，看看这个数额是否足以对一个普通家庭造成持续的影响，是不是一个有很强“延续性”的惩罚。

要论证“赔命价”的经济意义，我们可以从以下三个方面来分析：第一就是“赔命价”对于致害方的经济意义。它将表明这是一种严重的惩罚。第二就是“赔命价”对于受害方的经济意义。它将表明“赔命价”是物质赔偿与精神抚慰的密切结合。第三就是宗教领袖及部落首领在“赔命价”过程中的地位。它将表明“赔命价”的运行实际上仍操纵在一些特定主体手里，并通过

① 【意】贝卡里亚著，黄风译：《论犯罪与刑罚》，中国大百科全书出版社 1993 年版，第 46 页。

它获得利益。这实际上也展示了“命价”这一物质财富的流转过程。下面我们将分别论述：

在展开正文分析之前，我们先来看几个案例[①]：

【案例1】才夫旦故意杀人案

被告人才夫旦（16岁）于1982年农历正月中旬的一个晚上，去16岁的女牧民尕毛吉帐房吃了包子后，企图与尕毛吉发生两性关系，遭女方拒绝。事后，女方将此事告诉了其他牧民。于是在牧民中互相传说，甚至嘲笑。才夫旦得知后，心怀不满，意欲报复。同年4月4日10时许，才夫旦在塔切窝放牧时，与尕毛吉相遇。尕毛吉向被告人喊“吃包子”，才夫旦觉得自己受到嘲弄，便向尕毛吉追去，而尕毛吉却向被告人甩石头，没有打上。被告人上前拉住尕毛吉，欲夺其手中的捻线杆而未夺下，反被尕毛吉用捻线杆打了两下，后双方拉住衣领。在厮打中才夫旦从地上拾起一块16×9厘米的石头，向尕毛吉左手背、面部、太阳穴及后胸等处用力连砸，当尕毛吉面部出血昏倒后，被告人又连续在其面部砸了两石头，后用石头朝尕毛吉脸上一掷，便离开现场。尕毛吉当即死亡。经法医鉴定，结论为脑内出血死亡。[②]

青海省海南藏族自治州人民法院经不公开审理，以故意杀人

① 在引用具体案例之前，需要申明的一点是，该书中收录了数十个案例，笔者在选用案例时，没有对案例及其数字做任何筛选、改造，只求其数额记载清楚。这是数据有效性的基本保证。

② 张济民主编：《渊源流近——藏族部落习惯法法规及案例辑录》，青海人民出版社2002年版，第153—154页。

罪，从轻判处被告人有期徒刑10年。

被告人才夫旦被依法逮捕后，被害人的父亲、亲属以及原部落民众华青等20余人，联名投信要求释放才夫旦，按风俗习惯，以赔偿处理。信中说："认识到部落和睦平安的需要，被害人家的愿望以及部落内众人的心愿，请求宽大处理、释放才夫旦"；"经长辈及亲友开导，认识到今天及后代人之间需要和睦团结，友爱安定……请求释放才夫旦还家。"同时，经村里的老人调解，被告人才夫旦家中先后赔偿牛39头、马3匹，当时折价人民币5000元。

该案件透露出来的信息是丰富的。比如，被害人家庭及其亲属联名上书，请求检察院法院释放犯罪嫌疑人等。但单就赔偿数额方面的信息来讲，是很难做出更多的分析的。我们接着来看几个案例。

【案例2】旦巴尖措故意杀人案

1986年1月16日16时许，被告人旦巴尖措身背小口径步枪1支，同其弟土旦（男，9岁）骑马去放牧点。途中，旦巴尖措见身后有一骑马的人赶来，走进跟前，方知是同社牧民日季（与旦巴尖措曾积怨），就回头瞪了一眼。日季不悦，向被告吐了一口唾液，被告立即下马，伸手从怀里摸出打狗棒，准备打架，但未动，互相吵了几句，日季就继续赶路。这时被告发现自己的马跑了，吩咐其弟土旦在原地等待，随后从自己的子弹袋上取下1发子弹，跨上其弟的枣红马绕过前行的日季赶自己的马，至前方将马抓住后就等候日季。日季赶到，彼此再次发生争吵，被告气愤地将马放开，端起小口径步枪，推上子弹，走到距日季约2米处，举枪对准日季的腹部开了1枪，将日季打下马背，日季当即死亡。①

事后，被告在其父亲的带领下，与其弟3人一起外逃，历时4个月之久。后在该县县委书记保证不杀的条件下，被告在其父陪同下投案自首。后来果洛藏族自治州中级人民法院判处被告无期徒刑。

被告人旦巴尖措作案后，被告与被害人的亲属由当地活佛和僧人调解，达成了赔偿命价的协议。协议要求被告给死者方赔偿命价30000元人民币，分两次付清。第一次给牛71头，折价10000元，其余20000元在两个月内付清。被告方于判刑前将赔命价款付给了被害人的家属。

这起案件除了命价款的数额信息外，还引起笔者的一个思考。被告是在得到县委书记“不杀”的保证之后才投案自首的。这其实说明，所有人都怕死，犯罪嫌疑人也一样。被判无期徒刑比死刑立即执行可就好得不止一点点了。这是否包含了这样一个两难困境：判处犯罪嫌疑人死刑是以另一个生命来给死者以正义，这在经济学来看是一个新的沉没成本。但是，不判处死刑，会不会给了潜在的犯罪嫌疑人这样的暗示，反正不会被判死刑，怕什么。因此，在无形中增加了犯罪几率呢？这只是一个初步的思考，具体验证还需要更多的调查和研究。

① 张济民主编：《渊源流近——藏族部落习惯法法规及案例辑录》，青海人民出版社2002年版，第160—161页。

【案例3】更藏多杰故意伤害（致人死亡）案

1986年11月1日晚，被告人更藏多杰与本村的南太加去嫖风，行至索乃帐房附近，南太加在风墙处等候，更藏多杰进帐房嫖专太日（索乃的女儿）。由于专太日拒绝和索乃的阻止，引起更藏多杰的不满。更出帐房后随时摸起一块土扔过去，打在帐房上。索乃气愤，边骂边追，这时更藏多杰照着手电从地上拾起一块石头（重2.25千克）朝索乃打去，结果打在索乃头部（左眉弓中上7厘米处），引起其颅内溢血死亡。[①]

泽库县经公开审理，判处被告人更藏多杰有期徒刑12年。

案发后，被害人家要求被告人家赔偿命价，后经多方调解，由被告人家给被害人家赔偿命价：羊115只、马2匹、牛2头，并向寺院购买了经卷等，总计逾万元。赔命价后，被害人家属联名投书司法部门，要求对被告人从轻处理。

与案例1同样，还是被害人家属联名请求司法部门从轻处理。这种情况在藏区是比较常见的。这与藏族群众对该问题的认识有关，根据调查，藏族群众认为犯罪首先侵犯了被害人的权利的，占到了受调查人数的51.25%。[②] 看到这个数据，我们也就不难理解了。既然认为犯罪首先侵犯的是被害人的权利，那么双方当事人就纠纷达成赔偿方案之后，自然就无须再追究其他责任了。这说明当地群众对国家法、社会秩序的认识还处于比较封闭的状态。

---

① 张济民主编：《渊源流近——藏族部落习惯法法规及案例辑录》，青海人民出版社2002年版，第194—195页。

② 吕志祥著：《藏族习惯法：传统与转型》，民族出版社2007年版，第335页。

【案例4】南加故意杀人案

1988年2月2日，被告人南加同被害人尕尕由曲麻莱县麻多乡巴颜村乘一辆东风牌货车，前往果洛藏族自治州玛多县，当晚行至扎加村大队部时，由于司机改变行车路线，俩人借宿在扎加村一牧民尼才家。2月3日俩人结伴同行，在途中各自吹嘘其家乡人如何厉害、本事大，并为了维护各自家乡的情面发生口角。2月4日南加、尕尕二人行至空青沟，为买卖珊瑚，尕尕拔出随身携带的刀子对南加说“钱不给，你滚”，南加夺过尕尕的刀子，在尕尕的腰部、脸部、背部连捅9刀，最后一刀在体内绞了一下，致尕尕当场死亡。随后南加用刀割断尕尕的皮袄腰带，隔开衬衣，割断挂在脖子上的串珊瑚的线，将一颗珊瑚及一千五百元现金拿上，换上尕尕的皮鞋，戴上尕尕的藏式圆顶帽，逃往麻多乡。后于1998年3月9日向曲麻莱县公安局麻多乡派出所投案自首。①

经依法审理，玉树藏族自治州中级人民法院以故意杀人罪判处南加无期徒刑，剥夺政治权利终身。

案发后，被害人之兄公尕带二人从四川石渠县到曲麻莱巴颜村三队，找到队长尕洛和群众达群，提出索要命价，如不答应就将该队牧民全部杀光。尕洛、达群答应其要求，并告知南加的亲属。公尕等人返回四川石渠。数日后，公尕从四川石渠纠集25

① 张济民主编：《渊源流近——藏族部落习惯法法规及案例辑录》，青海人民出版社2002年版，第171—173页。

人来到巴颜村，强行要求给其安排住宿，并要求该村三队负责人前来协商，否则对三队的人进行屠杀。

三队队长尕洛被迫召集安却（活佛）等8人与公尕商议，公尕等25人持枪带刀以围攻相要挟，尕洛被迫答应“只要释放南加，就赔命价80万元”；公尕提出“只要能赔80万元，就负责释放南加”。后扣除公尕等人在巴颜村的食宿费用并由活佛负责安葬死者，免除20万元，实际需支付60万元人民币。在60万元的牛和财物支付过程中，实际共支付牛243头（43头小牛犊未计算支付价，按200头计）折价40万元，其余20万元用马匹及贵重财物折抵。以上所有赔偿，均由被告人南加的母亲、舅舅等亲友支付。

公尕为掩人耳目，要求尕洛向公安机关报称只赔偿命价28000元，并出具书面证明材料，欺骗司法机关，使一起利用死人敲诈巨额财产的非法行为得逞。

这个案件除了赔偿命价的数额信息之外，有一个信息引起的关注。那就是双方只是为了吹嘘自己的故乡并因此而起了一点口角，却最终导致了人命案件的发生。这是值得思考的。在案例2的分析中，就说“赔命价”使得很多人得以逃脱死刑的束缚，行为更加狂野。认为，这个案例在某种程度上就印证了这种判断。因为我们在案例集中可以发现很多类似的，因一点小纠纷就大打出手最终闹出人命的案件。

【案例5】赛日多故意伤害（致人死亡）案

1989年10月11日晚，被告人赛日多同本村牧民改巴到尕××（女）家与被害人果洛相遇。果洛出去再次回到尕××家时，赛日多指责果洛踩了其脚，为此，两人发生口角，并走出帐房，双方手持打狗棒互相推搡、厮打。当果洛被在场人劝解走出30米处，赛日多追上，朝果洛左腋下猛捅一刀。果洛经他人送回家后于当晚死亡。法医鉴定，果洛被锐器从左胸下刺伤肺、心脏引起失血休克死亡。赛日多于次日向公安机关投案自首。①

黄南藏族自治州中级人民法院公开审理后，判处被告人赛日多死刑，缓期2年执行，剥夺政治权利终身。

案发后，该乡乡政府干部和村干部调解，被告人家向被害人家赔偿命价羊121只、牛16头、马1匹、酥油50公斤以及茶叶、面粉、绸缎、毛料等共折价近40000元。

到此为止，我们看到被告人家向被害人家赔偿了大笔的财物。但是，最终却没有换来被告人的从轻处罚。赛日多的父亲说："原想'赔命价'后，争取对赛日多从轻处罚，到如今人财两空，全家生活困难，确实我走了一条冤枉路。"和许多案例一样，被告人家的"赔命价"基本上是自愿的。被告人家总希望能借此换得对被告人的从轻处罚，但经常希望落空。个别情况下，被告人家看到没有得到被告人的从轻处罚，去向被害人家要求返回命价，又引起新的纠纷，如1994年的改登故意杀人案。

1994年8月29日上午，达日县下红科乡牧民改登因琐事怄气，携带家中的小口径步枪及子弹袋乘马离家出走。途中欲要回

① 张济民主编：《渊源流近——藏族部落习惯法法规及案例辑录》，青海人民出版社2002年版，第204—205页。

借给洛德的100元现金，以备路途所用。到洛德家帐房附近时，遇见女孩娃吉，从女孩口中打听到洛德的去向、放牧的地点、有无同伴及附近是否驻扎帐房等情况。13时许，改登找见了正在放牧的洛德，并向洛德索要借款。洛德借故不还，二人发生争执。改登因过去两家发生过矛盾，顿起杀人念头，抽出随身携带的长66厘米、宽3厘米的藏式腰刀，向洛德头部猛砍一刀。致洛德倒地后，改登又朝其背后连捅两刀；见洛德未死，又从背上取下小口径步枪，先后朝洛的颈、左腋下侧、左侧颈部、大腿等处射击四枪，洛德当场死亡。事毕，改登往弹匣内增补子弹后逃离现场。大约行至四百米后，遇见赶牛下山的僧侣周热。改登害怕杀人罪行暴露，即起杀人灭口邪念。在距周热四五米处，朝其胸部射击一枪，周倒地后，又朝其背部射击一枪，致周热当场死亡。改登随即逃离现场回家，向其亲属述说杀人之事后，于当晚畏罪潜逃。1994年9月11日，改登在亲属督促下到达日县公安局投案自首。1995年3月29日，被告人在看守所关押期间，与同监关押人犯密谋脱逃未遂。①

果洛藏族自治州中级人民法院经公开审理，以故意杀人罪判处改登死刑，剥夺政治权利终身；逃脱罪判处有期徒刑两年。合并执行死刑，剥夺政治权利终身。

案件发生后，二被害人亲属意欲纠众复仇，被该乡干部及牧委会有关人员劝住。为了息事解怨，后经他人调解，此案当事人

① 张济民主编：《渊源流近——藏族部落习惯法法规及案例辑录》，青海人民出版社2002年版，第175—177页。

双方亲属私下达成赔偿并兑现。不久，人民法院终审判决下达。被告人亲属无法接受这种结果，于是纠集人马前往二被害人家索要“赔命价”。争执中，被告人的父亲才杰被当场打死。犯罪嫌疑人畏罪潜逃，至今未抓获归案。

这个案例比案例5更清楚地表明，当下“赔命价”所面临的困境。不赔偿命价，面临着被害人家的复仇；赔偿命价，可能人财两空。这是当下藏族地区面临的尴尬现状。案例5还表明，赔偿命价对一个家庭而言是一种沉重的负担，将使整个家庭陷入生活困难的状态。

【案例6】“5·18”故意伤害（致人死亡）案

2000年5月18日，玛沁县当洛乡牧民班措因婚姻琐事与丈夫周白发生争吵。下午4时许，班措怄气回娘家。傍晚8时许，周白纠合其叔索南、表兄弟才肉、班闹及妹夫才旦等人一同骑马前往索旦（班措之父）家要人。到达目的地后，周白等人便与女方家应邀前来调解纠纷的保合艾在屋外发生争执，并遭到周白、班闹等人的无辜殴打。索旦父子受气不过，便从家里拿起小口径步枪、铁制打狗棒、藏腰刀等物出外迎战。互殴中，周白用小口径步枪击中保合艾，致保合艾当场死亡；索旦用刀刺伤索南，索南后因伤口感染死亡；才肉的脸被跃合热（索旦之子）用刀砍伤（轻伤）；索旦头、背部等处被对方打伤。[①]

① 张济民主编：《渊源流近——藏族部落习惯法法规及案例辑录》，青海人民出版社2002年版，第212—214页。

案发当日，犯罪嫌疑人索旦、跃合热父子主动向公安机关投案自首。犯罪嫌疑人周白在医院就诊期间乘机脱逃，至今尚未抓获。

事后，玛沁县法院公开审理了此案，对索旦、班闹、跃合热、才肉分别判处有期徒刑若干年。

经法庭审查查明，为了息事宁人，缓解矛盾，在当地有关人士的多方调解下，本案双方当事人亲属于2000年11月20日私下达成赔偿命价协议。即加害方索旦、周白（在逃）分别向受害方索南、保合艾各赔偿牦牛120头，马10匹，以上总折价逾10万元，作为送死者的“上路费”及死者遗孤的安抚费。

该案除了赔偿数额信息之外，还有一个重要的信息在后面。庭审期间，被告人索旦的辩护人向法庭提交了有关赔偿证据。一审法院认为：“协议内容系当事人双方亲属自愿达成；在协议过程中双方无‘出兵’相要挟、强行索取或封建部落及宗族干涉强迫等行为，且协议内容已执行完毕，根据《最高人民法院关于刑事附带民事诉讼范围的规定》，本院将对被告人量刑时予以酌情考虑，而采纳之。”“此案虽结，且双方当事人及亲属亦无异议，但司法界对赔命价能否作为人民法院量刑时酌定从轻情节的依据存疑。”①

本案不仅有赔偿命价的数额信息，还包含了法院的两难境地：对于赔命价，是承认，还是不承认？不承认，其实多数案件的赔命价情况他们是知道的。在判决中不承认只是一种“企鹅”

① 张济民主编：《渊源流近——藏族部落习惯法法规及案例辑录》，青海人民出版社2002年版，第214页。

式的逃避。承认，即便是如本案中所说的“量刑时酌情考虑”，也会引发激烈的争论。因为这涉及刑法中的重大问题，不是一个法院的判决能解决的。

总体而言，这6个案例向我们提供了丰富的“赔命价”信息。既有赔偿数额的信息，又有与之相关的各种问题。这些数额信息，将马上进行分析，分析它们对于双方当事人及宗教领袖、部落头人的经济意义。而提出来的各种问题，则更为宏大，且超出了本书的主旨，本书将不重点分析。

一、“赔命价”对于致害方的经济意义

我们先将上述引用的6个案例中“赔命价”数额情况摘出来，以便分析。

1）1982年的才夫旦故意杀人案的“赔命价”是牛39头，马3匹，当时折价人民币5000元。

2）1986年的旦巴尖措故意杀人案的“赔命价”是30000元人民币，其中第一次给牛71头，折价10000元，其余20000元在两个月内付清。

3）1986年的更藏多杰故意伤害（致人死亡）案，赔偿命价为羊115头、马2匹、牛2头，并向寺院购买了经卷等。

4）1988年的南加故意杀人案，被害人亲属通过欺诈获得赔命价60万元，其中的40万元，以牛243头（43头小牛犊未计算支付价，按200头计）折价40万元，其余20万以马匹及贵重财物折抵。

5）1989年的赛日多故意伤害（致人死亡）案，“赔命价”为羊121只，牛16头，马1匹及其他实物共折价40000元。

6）2000年的“5·18”故意伤害（致人死亡）案，赔命价为牦牛120头，马10匹，折价逾10万元。

以上6个案例的“命价”都以牛、马、羊为主要赔付物资，通过折价以得到大致的价格。下面，本人将根据藏区的实物折算规则，以及当地大致的畜牧业生产力来推算这些“命价”对致害方的经济意义。

“果洛民主改革以前进行调查统计时，一般一头牛折算3只绵羊，一匹马折算7只绵羊，两只山羊折算一只绵羊。”① 与此大致相同的折算方法在其他处也同样存在。在青海汪什代海千户部落解放前的折算方法是这样的：各类牲畜都折算为白绵羊，“折算比例：骆驼1∶7，马1∶7，犏牛1∶5，牦牛1∶3，黄牛1∶2，黑绵羊2∶1，山羊3∶1”。② 这两个折算法虽然详略不一，但是其基本规则相差无几。直到今天，类似的折算法仍然是我国农业部门统计牲畜数量的主要方法。“1峰骆驼折合7个羊单位；1匹马折合6个羊单位（南方为5个羊单位）；1匹骡折合5个羊单位；1头黄牛（北方型）折合5个羊单位；1头黄牛（南方型）折合4个羊单位；1头水牛折合5.2个羊单位；1头牦牛折合4个羊单位；1头驴折合3个羊单位：断乳的当年幼畜为成年畜日食量的1/2；青年畜为成年畜日食量的3/4。”③ 在某些汉族地区也有“十二个土鸡蛋换一斤猪肉”的习惯。这种“以物折物”的折算法是一种很古老的计算方法。这种折算方法，往往是当地人民根据自己的

---

① 邢海宁：《果洛藏族社会》，中国藏学出版社1994年版，第76页。

② 陈庆英主编：《藏族部落制度研究》，中国藏学出版社1995年版，第306页。

③ 国家环境保护总局主编：《全国生态现状调查与评估（综合卷）》，中国环境科学出版社2005年版，第131页。

生活经验，依各种实物的价值比例而做出的。这种折算方法无疑带有一定的地区差异性，但是对当地人而言，却又是很准确且被广泛认同的。

进一步而言，这种折算方法用于此处，还有一个别的计算方法无法比拟的优势。由于这里所引用的几个案件之间时间跨度比较大，要把那些牛羊都折价为人民币是存在困难的。首要的困难就在于我们很难查到 20 世纪 80 年代初当地 1 头牛、1 只羊的价格；其次的问题在于将那个年代的价格和 2000 年的价格作比较没有实际意义。由于货币政策的变化，相同数量货币的购买力发生了很大的变化，同等数量的货币的实际购买力在两个年代是完全不同的。因此，以货币价值来进行比较是不可取的。而当地的这种“以物折物”的折算方法，却恰好可以解决这两大难题。因为如果一个地区的生产条件不发生巨大变化，牛羊的生产效率就不会有根本性的变化。因而，这种折算方法有着比较稳定的特点。这将在接下来的分析中得到验证。

接下来，我们就先将各案例中的牛羊等“命价”都换算统一的折算单位——羊。为了表示此处的“羊”的特殊含义，且称为“标准羊”。

1）1982 年的才夫旦故意杀人案的“命价”为 138 只标准羊。

2）1986 年的旦巴尖措故意杀人案的“命价”为 639 只标准羊。

3）1986 年的更藏多杰故意伤害（致人死亡）案的“命价”为 135 只标准羊。

4）1988 年的南加故意杀人案的“命价”为 1200 只标准羊。

5）1989 年的赛日多故意伤害（致人死亡）案的“命价”为

176只标准羊。

6）2000年的“5·18”故意伤害（致人死亡）案的“命价”为430只标准羊。

这种“命价”标准对当地牧民家庭而言意味着什么呢？这不是一个简单的情感判断，我们需要先对当地牧民家庭拥有牛羊等家畜的基本情况有一个比较清晰的认识。

根据1949年海南上阿曲乎部落的调查显示：当地共有133户牧民，平均每户拥有马7.10匹，牛20.49头，绵羊159.47只，山羊8.83只。[①] 经过折算，为273.58只标准羊。根据1956年果洛达日县达洼部落的调查显示，当地共87户牧民，平均每户拥有3.08匹马，59头牛，77.34只绵羊，1.69只山羊。[②] 经过折算，为276.4只标准羊。相隔7年，在不同地区的不同部落，牛羊的拥有数额却几近相同。这也就印证了前面的分析：如果一个地区的生产条件不发生巨大变化，牛羊等牲畜的生产效率就不会有重大变化。在此基础上，我们可以做一个简单的除法运算，看看这些案件中的“命价”在一个家庭的财富总量中大概占多大比例：

1）1982年的才夫旦故意杀人案的“赔命价”数额为276.4只标准羊的50%。

2）1986年的旦巴尖措故意杀人案的“赔命价”数额为276.4只标准羊的231%。

3）1986年的更藏多杰故意伤害（致人死亡）案的“命价”

---

① 陈庆英主编：《藏族部落制度研究》，中国藏学出版社1995年版，第307页。
② 邢海宁：《果洛藏族社会》，中国藏学出版社1994年版，第76页。

为 276. 4 只标准羊的 49%。

4）1988 年的南加故意杀人案的“赔命价”数额为 276. 4 只标准羊的 435%。

5）1989 年的赛日多故意伤害（致人死亡）案的“赔命价”数额为 276. 4 只标准羊的 64%。

6）2000 年的“5 · 18”故意伤害（致人死亡）案的“赔命价”数额为 276. 4 只标准羊的 156%。

在这 6 个案件中，最低比例为 49%，最高比例数额为 435%。如果我们再折算一下平均比例（各百分比之和除以 6），平均比例为 164%。

分析并不能到此结束。因为以上的分析是以当地牧民的平均牲畜量为标准计算的，而平均财富这一数字往往不具有重要参考意义。换句话说，因为财富的占有是不平均的，甚至是两极分化的，所以，平均财富这一数字的参考意义也就很有限了。根据 1956 年果洛地区的调查，依据占用牲畜数额的多少，将当地牧民分为四个档次：[①] 牧主占总户数的 3. 45%，富牧占总户数的 6. 9%，中牧占总户数的 31. 03%，贫牧占总户数的 58. 62%。其中富牧平均拥有标准羊 349. 9 只，贫牧只拥有 76. 1 只标准羊。在前述 6 个案例中，平均“命价”为 453 只标准羊，是富牧家庭牛羊总数的 129%。这个赔偿数值对人口占绝大多数的中牧和贫牧家庭而言，其意义就是不言而喻的了。

这些数据告诉我们，一次“命价”将消耗一个普通家庭绝大部分财富，甚至是全部财富。根据藏族习惯法，一般案件的“赔

① 邢海宁：《果洛藏族社会》，中国藏学出版社 1994 年版，第 76 页。

命价”主要由致害人家庭负担。在少数情况下，才由他的主要亲属分担一部分。根据《玉树部落制度及法规》规定：“部落之间出了命案，凶手没有能力赔偿命价，则本部落摊派赔偿；部落内部发生了命案，凶手无力赔偿命价，则亲属协助赔偿。”① 在前引南加故意杀人案中，“命价”也都是由他的父母、舅舅及少数近亲承担。毫无疑问，这是一个很沉重的负担，是一个严酷的惩罚，足以起到刑罚的惩罚、威慑功能。在赔付给受害人亲属的财物之外，致害人家庭往往还需要另外为受害人向寺庙捐献经卷，请和尚给死者做宗教仪式。这些活动的举行也是价格不菲的。这进一步增加了致害人家庭的负担。

波斯纳认为，“伤害者及其亲属一定要有足够的、超过他们生存需要的大量物品，使他们能够支付自己伤害的其他人，否则的话，赔偿制度就不可能运作。”② 也就是说，致害人及其亲属必须能够实际支付“赔命价”，否则的话，仍将不得不回到血亲复仇的状态。或者说，如果支付“赔命价”将使致害人及其亲属面临严重的生存压力，他们将拒绝赔偿。如何保障致害人家庭的支付能力呢？波斯纳认为：“集体责任原则使这一社会确定了一个高于个人平均支付能力的赔偿水平，因为个体的亲属要对判决的债务负责。”③ 这就解释“赔命价”的赔偿标准通常是高于普通家庭的承受能力的。这也是亲属分担赔偿的意义所在。

---

① 张济民主编：《青海藏族部落习惯法资料集》，青海人民出版社1993年版，第51页。

② 【美】理查德·A·波斯纳著，苏力译：《正义/司法的经济学》，中国政法大学出版社2002年版，第199页。

③ 【美】理查德·A·波斯纳著，苏力译：《正义/司法的经济学》，中国政法大学出版社2002年版，第203页。

以上部分分析了“赔命价”对于致害方的经济意义。我们刚才说了致害方将为一次“命价”付出惨重的代价，但是，这并不意味着受害方能够因此得到大量的物质财富。

二、“赔命价”对于受害方的经济意义

要分析“赔命价”对于受害方的经济意义，还需要回到“赔命价”的含义上来。“命价”，藏语称为“什吨”或“索什和吨”，本意为“千”的数词，可能取意于“千金难买一人生”或“千金人生”，通常理解为一个足够多的数额，后又经学者套入佛理中与之同音的“空”的概念。藏族历史上之所以用“什吨”表示命价，有其深厚的文化和思想根源。诚如《十五讼律卷龙吼》中所解释的一样，为何将命价称为“什吨”，其回答是“既然‘什吨’是‘空’的意思，那么取得命价并不能变富，支付命价也不能变穷。”① 这里我们主要是要关注“那么取得命价并不能变富，支付命价也不能变穷”这句话，它用一种很有宗教意味的方式告诉我们，“赔命价”本身是一种赎罪的形式，而不是一种简单的俗世财物。它似乎还暗示了一个信息，那就是受害人家庭并不能得到多少经济上的实惠。

下面我们通过一则案例来说明情况：1988 年的多吉才旦故意伤害（致人死亡）案中，该案发生后，被害人所在的夏吾热旦村的村民集体向多吉才旦家索要“赔命价”，多吉才旦家只得向被害人村付“命价”羊 50 只，马 3 匹，牛 30 头，现金 2000 多元，

① 张济民主编：《寻根理枝——藏族部落习惯法通论》，青海人民出版社 2002 年版，第 333 页。

共折价 24000 元。这些东西大部分被村民吃喝掉了。被害人家只得现金 300 元，哈达 1 条，茯茶 1 包。[①]

如果被害人家得到的东西仅以 300 元来说，它仅占 24000 元的 1.25%。因为其家庭所得的哈达及茯茶，我在这里无法将其折算成当地当时的市场价格。虽然如此，我们可以看到的是被害人家庭从“赔命价”中所得的实际经济利益是很少的。“在赔命价的背后，往往存在这样一些问题，所赔命价的绝大部分钱财被活佛、僧人享用，部分为基层干部享受。”[②] 这是不是也正验证了之前所说的“赔命价”的含义呢？

其实，不仅现代的“赔命价”如此，“赔命价”产生以来就是这样。“赔偿命价的所得，大部分奉送布施，可以给死者请寺院宗教职业者进行超度、告慰亡灵，同时更多的也安慰了被伤害者的亲属、子女，有利于消除悲伤。这种赔偿法与施法结果，温和了活着的人们的欲念，又符合了杀人犯罪及其家人们的服法心愿。”[③] 最终，被害人的家属所剩余的财物也是寥寥无几。

“莫坝部落旧制与法规”中就有“赔命价”的详细数额，其中也隐含着“赔命价”的具体分配方案，头等“命价”共有 10 项赔偿：[④]

---

① 张济民主编：《渊源流近——藏族部落习惯法法规及案例辑录》，青海人民出版社 2002 年版，第 209 页。

② 张济民主编：《诸说求真——藏族部落习惯法专论》，青海人民出版社 2002 年版，第 125 页。

③ 张济民主编：《诸说求真——藏族部落习惯法专论》，青海人民出版社 2002 年版，第 81 页。

④ 张济民主编：《青海藏族部落习惯法资料集》，青海人民出版社 1993 年版，第 21 页。

1）赔“认罪款”3个元宝（通用元宝为50两纯银，一个元宝折合3头或4头牦乳牛）；

2）赔“绝恶款”5匹马、5支枪（不能以他物代替）；

3）向头人缴“服法款”15个元宝或4—5头牛（此项根据头人权势大小而定罚款数）；

4）赔死者家属“悔罪款”5匹马、5支枪（可用它物代替，以下同）；

5）罚凶手向死者赔“命案结束款”1头尾巴上拴扫帚的白犏牛（表示将不吉利之事一扫而光）；

6）赔命价正额九九制即81只羊，九五制即45头牦牛，九三制即27头犏牛；

7）给死者兄弟“赔罪款”3个元宝（当地一般用牛羊代替元宝）；

8）给死者亲友“赔罪款”1.5个元宝；

9）赔“寡妇流泪锅”1只；

10）赔“寡妇头巾”1匹（氆氇或缎子）；

11）罚凶手“洗手款”3个元宝；

12）罚凶手和死者家属给头人“调解纠纷款”各2个元宝；

13）罚凶手和死者家属给头人“调解纠纷伙食款”各4头牛；

14）罚凶手和死者家属给“文书笔墨款”各1头牛。

还是根据之前的折算法，1匹马约等于2.3头牛，再根据上面第3条向头人缴“服法款”的规定，3个元宝约等于1头牛。在第6项“命价”正额取中间值——45头牦牛的时候，经计算，“命价”总额为88.8头牛；由于其中的枪、锅以及头巾无法知晓折算比例，没有计入在内。在这14项规定中，明确要求给头人的物品经折算为 16.3 头牛；明确给死者的占 1 头牛；将“认罪款”、“绝恶款”计算在内，应该给受害人兄弟、亲友的占 26.5 头牛；余下“命价”正额 45 头牛，还需另行分配。实物中明确规定给寡妇的只有一口“流泪锅”和一个头巾。根据“赔命价”的实际情况，“命价”正额也不是全部归受害人家庭所有，大部分都应该用来为受害者做法事以及分给他的其他亲属和族人。因此，真正留给受害人家庭的数额就很少了。

对于受害人的近亲属分享赔命价的原因，波斯纳认为，“当一个个体受到伤害或是被杀，这一伤害行为所伤害的是这一公认的亲属群体的所有成员，因为他们对受害者的收入都有主张权，而现在减少了这一收入。因此，他们都是名正言顺的原告方。”① 认为，在初民社会，多一个氏族成员就意味着在自己受到伤害时多一份力量为自己复仇，多一个氏族成员就意味着在自己需要支付赔命价的时候多一个人分担责任，多一个氏族成员就意味着在自己遇到生活困难时多一个求助的对象。每一个氏族成员都是氏族组织的共同财富。因此，在任何个人受到侵害时，他们就是当然的权益人。随着生产力的发展，人类抵抗风险的能力获得了提升；随着公共权力的形成，人类以私力救济的范围日益缩小。因此，相应的就是权益人的范围缩小，从整个氏族的成员都有权受偿慢慢演变为其近亲属有权受偿。相关的问题是，谁有权分享赔偿，谁就有义务在这一亲属范围内分担他人发生纠纷后所需支付的赔偿。

---

① 【美】理查德·A·波斯纳著，苏力译：《正义/司法的经济学》，中国政法大学出版社 2002 年版，第 202 页。

三、宗教领袖及部落首领在“赔命价”过程中的地位

只要我们稍微注意一下，我们就会发现，几乎在每一个“赔命价”的案件中都有部落首领及宗教领袖的身影。也许，这是从“赔命价”产生之初就开始注定了的。因为“赔命价”的产生就有着很深的宗教因素在里面，这种原因注定了宗教人士在“赔命价”过程中的地位。藏族的部落体制则决定了部落首领在“赔命价”过程中也有着不可或缺的地位。下面将采用两种角度来分析，一个是以总结出来的习惯法条文作为分析对象，一个是以实际案例为分析对象。

首先，我们来看《玉树部落制度及法规》关于诉讼费用的规定。“头人在受理案件时，不分原告、被告都要缴纳诉讼费、调解费、招待费等。根据纠纷大小、解决时间长短定费用多少。缴纳费用有如下几种规定：

1）1 头牦牛，4 包大茶，4 斤酥油，400 盒青稞，80 元白洋；

2）1 只绵羊，1 包大茶，1 斤酥油，100 盒青稞，40 元白洋；

3）半只绵羊，半包大茶，半斤酥油，50 盒青稞，10 元白洋；

4）一只羊的四分之一，一包大茶的四分之一，2 斤酥油，25 盒青稞，5 元白洋；

5）一只羊的五分之一，一包大茶的五分之一，1 斤酥油，2.5 元白洋。

扎武部落的诉讼费一般分为三等：一等为 1 锭银子，二等为银币 2—3 元，三等为 2 元。

此外，若原告送 1 匹马的诉讼费，被告也必须交相等的诉讼

费。诉讼费的一部分归断案的楞布、红杂和写字据的秘书私有，一部分交给百户的大管家。①

这是相对标准化的收费标准。但最后所说的原告若送 1 匹马的诉讼费，则被告也必须交相等的诉讼费，这一规定就有点强人所难了。

其次，我们来看看总结出来的习惯法条文中的情况。认为可以由此分析宗教领袖及部落首领所扮演的角色及他们所享有的利益。在“赔命价”过程中，他们所扮演的主要角色就是“调停者”。他们是知识和规则的掌握者，这就决定着他们作为调停者的可能性及必然性。

第一，在致害人一方第一次送给被害人一方牲畜以表示愿意依“赔命价”来解决时，主持调解的头人要从中取走一半好的牲畜。纠纷致人亡命以后，为阻止对方出兵报复，杀人的一方要给被害方送 100 元左右的牲畜，表示低头认罪，愿意依法解决，这一方式即“过沟”（调头，即初步调解），此后即开始审判，主持调解的头人要从“过沟”中取走一半好牲畜。②

第二，致害人家庭要向头人缴“服罚款”。认为，这是对头人领区秩序破坏的惩罚。向头人缴“服法款”15 个元宝或 4—5 头牛（此项根据头人权势大小而定罚款数）。③

第三，纠纷解决后，双方的见面言和费用，头人还要得三分

① 张济民主编：《青海藏区部落习惯法资料集》，青海人民出版社 1993 年版，第 56—57 页。

② 张济民主编：《青海藏区部落习惯法资料集》，青海人民出版社 1993 年版，第 78 页。

③ 张济民主编：《青海藏区部落习惯法资料集》，青海人民出版社 1993 年版，第 21 页。

之一。纠纷调解以后，当事双方行“卡透俄合透”（见面言和），杀人一方再给死者一方出折价400元左右的牲畜，死者家属得三分之一，头人得三分之一，其他参与裁决者分享三分之一。[①] 而致害人家庭也还需另外为死者买经卷给寺庙。如果是部落之间的命案的话，则死者家属仅得三分之一，其余归部落头人和协调者均分。大致上，部落头人及宗教领袖直接所得的财物占致害人家属所给付财物的小部分。而算上随后受害人家属将所得赔命价财物的大部分以宗教活动费用的形式交给寺院的话，则部落首领及宗教领袖的所得将远远多于受害人家属的所得。

第四，罚凶手和死者家属给头人“调解纠纷款”各2个元宝；罚凶手和死者家属给头人“调解纠纷伙食款”各4头牛。[②]

这些事项也是综合几个部落的“赔命价”的规定而得的。实际上不是每个具体案件的致害方家庭都需要全部承担，而只需承担其中的几项。把它们都集中在一起是为了有一个更全面的印象。

第五，我们通过实际案例来看看部落首领及宗教领袖的作用。在《渊源流近——藏族部落习惯法法规及案例辑录》一书所收集的案例中，有关于“赔命价”主持人的案件共有26个，其中有寺院、活佛、头人、头人的后代参加的占13个，其余的主持人有大队书记、乡镇府、乡干部等。也就是说，在近几十年以

① 张济民主编：《青海藏区部落习惯法资料集》，青海人民出版社1993年版，第79页。

② 张济民主编：《青海藏区部落习惯法资料集》，青海人民出版社1993年版，第21页。

来的案例中，有部落头人、宗教领袖因素在其中的案例还占到了50%。这26个案例是该案例辑录中有明确支持人记载的案例，没有进行任何选择性编辑。因此，这些数据是可靠的。由此我们可以想见，在传统的“赔命价”运作过程中，部落头人、宗教领袖的地位远远超过现在。

为什么部落头人、宗教领袖能在“赔命价”中占有这样大的份额呢？“赔命价……在日耳曼法中它是指杀人凶犯向被害者亲属支付的一种根据被害人社会地位而确定其数额的赔偿金，除此之外，由于杀人凶犯的行为已经对既有的‘王室和平’造成了破坏，因此他还须向维护和平的国王支付一部分罚金。”① “用以对抗复仇习俗的赔命价普遍出现在部族法中，意味着社会管理开始步出习俗的放任适用阶段，安定感和秩序的价值被有意识地加以强化，这标志着地方势力和地方权威正处于不断加强的过程中。”② 也就是说，当统治者的势力强大到足以维护正常社会秩序的时候，他就会要求破坏这种秩序的人承担这样或那样的责任。最初，这种责任就是以向统治者缴纳罚金的形式展现出来的。

波斯纳认为，“一个更坚实的、基于经济学理论的理由是，杀人或伤害者减少了最高统治者从受害者那里可能征收的税入，因此给最高统治者增加了一种费用。这个最高统治者在他的臣民中有一种利益，而这些减少臣民财富的行为损害了这种利益。”③ 因此，对私人的犯罪同时也是对统治者的犯罪。从这个角度来

① 高仰光：《论日耳曼法中的赔命价制度》，载《比较法研究》，2006年第3期。
② 高仰光：《论日耳曼法中的赔命价制度》，载《比较法研究》，2006年第3期。
③ 【美】理查德·A·波斯纳著，苏力译：《正义/司法的经济学》，中国政法大学出版社2002年版，第211页。

看，则部落头人、宗教领袖在“赔命价”中享有利益也是有其合理性的。本章开头处所讲的西双版纳傣族地区，如“没有罪而被杀，罚凶手3300罢滇，赔人命银1100罢滇”，也是这个意思。直至今天，我们刑法中所规定的“罚金”实际上也是同一个意思。

四、本节余论

通过分析“当地青海藏族‘赔命价’的经济意义”，我们可以看到，“赔命价”的产生不仅是宗教因素、阶级统治的产物，其中还蕴涵着深刻的经济理性因素。它为社会财富的积累提供了一种制度设计，它的产生是具有进步意义的。

通过对当代青海藏族“赔命价”经济意义的分析，我们可以看到“命价”这一特殊的财富流转方式。“命价”在致害方、受害方、宗教人士之间流动，进行重新分配。受害方接受的“命价”中的大多数部分由其近亲属分享，其核心家庭得到的财物较少。这与藏族传统的家庭组织结构以及“命价”的承担方式有着密切的关系。实际上，“命价”的这种分配方式体现了一种风险分担模式。受害人核心家庭只得到“命价”的很少一部分，其余部分由其他近亲属分享，则其近亲属要承担照顾受害人核心家庭成员的基本生活的义务，尤其是未成年孩子的抚养责任；另一方面，近亲属在分享“命价”时所享有的权利是与承担“命价”时的义务密切相关的。部落头人、宗教领袖在“命价”分配中的所得，一方面是基于他们的统治地位，另一方面也是因为他们为矛盾的化解、受害人灵魂的超度作出的努力。

由此，我们似乎可以发现，“赔命价”自产生之初就是一个三方当事人共同的结果——受害方、致害方、宗教方。三方当事人在其中有着不同的角色，但都是不可缺少的。只是我们今天来看的时候，通常将部落头人、宗教人士视为特权阶级、剥削阶级，忽视了他们在事件和平处理中所发挥的积极作用。于是，“赔命价”看起来就成了致害方与受害方双方之间的赔偿问题。在国家统一管辖之下，地方政治权威已经消失，部落头人、各级各类干部在其中占有利益的权力基础已经消失。在部落制度不断弱化的今天，部落头人、各级各类干部在其中占有利益的正当性也有待重新考察。但是，我们不能完全否认宗教人士在抚慰受害人灵魂这一问题上所发挥的作用。这也是与之前所说的“赔命价”是对受害者灵魂的抚慰与对受害方物质损失的赔偿的结合相一致的。此外，虽然“命价”中的一部分是被消耗——吃喝掉了，但是，不可否认的是很大一部分还是流转到了其他主体手中。它仍然在一定程度上起到了财富积累的作用。

然而，随着现代法制的发展，“赔命价”制度本身所包含的众多问题，如生命的财产化、“命价”的不平等性、“命价”承担中的连带责任、“命价”分配中的不均衡、刑罚的统一性等。这些深层次的矛盾是“赔命价”的当代实践不得不面对的问题。当我们站在国家法制统一的角度来看这一特殊现象的时候，我们应该采取何种方式才能更好地引导它与现代法制相融合呢？笔者认为，在考虑这一问题的时候，我们不得不考虑各方当事人在之前的制度中所享有的利益。考虑到各方的利益将有利于这一问题的平稳、顺利解决。

最后，要说明的是由于条件所限，笔者所采用的分析对象都是时间稍早的案例，且都是二手材料。基于对材料来源的信心，本文所用的材料是可靠的。当然，在有条件的时候，笔者一定会更新材料、扩大分析对象，以使文章建立在更加坚实可靠的基础之上。此外，笔者需强调的一点是，这里所做的经济分析，只是为了说明“赔命价”产生、发展、运行的过程中包含着经济因素的作用，至于它是不是最重要的因素，或者说是宗教因素更重要还是经济因素更重要，也还有待于进一步的研究。

本章结语

第一节主要以“赔命价”和血亲复仇相比，分析了“赔命价”制度的优点，这就证明“赔命价”的产生是有一定社会进步意义的。第二节主要分析了“赔命价”制度变迁中的交易成本问题，说明这个变迁过程明显减少了案件类型，有效地降低了双方当事人的协商成本，更容易就赔偿标准达成一致意见。第三节重点分析了青海藏族“赔命价”的经济意义。一方面，证明“赔命价”是对致害人家庭的严厉惩罚，可以起到威慑潜在犯罪的作用；另一方面，“赔命价”最终由受害人家庭、受害人亲属及宗教人士共同分享了，受害人家庭只得到命价中很少的一部分。这和当地的社会结构有着密切的关系，曾经是合理的。但是，随着社会的发展，其中一些做法在现代社会已经明显不合理。要想较好的解决“赔命价”与国家法的冲突，我们就必须重视“赔命价”制度中存在的合理性因素。

本章选择以藏族“赔命价”为重点分析对象，主要是因为在现有资料中，有关藏族“赔命价”的资料最为丰富，也较为系统。其实，少数民族习惯法中的“赔命价”实践中还有很多有特色的内容。比如，怒族的“赔命价”，其中的7头活牛必须如数支付，不能以其他财物代替；7头干牛则可以其他财物相抵。20世纪50年代以前，怒族地区仍然以黄牛为重要的交换等价物，在买卖土地、买卖奴隶、娶妻、祭鬼的时候都要以黄牛为实物。根据1949年的情况，1头黄牛可以买3亩耕地；一个貌美体健的姑娘的聘礼为8头黄牛；一个年轻奴隶值5头黄牛。黄牛是重大商品买卖的计价标准单位，黄牛是当地人拥有财富最重要的象征。这也是一个很有意思的规定。

“赔命价”的产生、运行过程中还有很多值得我们关注研究的问题，本章仅选取了“成本”、“经济意义”这样一个视角来进行分析。

第四章　民族习惯法中的效率

波斯纳说:“只要稍作反思,我们就会毫不惊奇地发现,在一个资源稀缺的世界里,浪费是一种不道德的行为。”① 马丁·J·贝利说:“在一个更为发达的社会里,对最优化配置的背离只是意味着更低的生活水准和增长速度,那样的社会负担得起由于无效而带来的浪费;相比较而言,在一个仅仅能够维持基本生存的社会里,伴随着马尔萨斯提出的那种成几何倍数增长的人口,那样的背离肯定会带来更严酷的不利后果,一种人们预料能在一个幸存下来的社会中反映出来的后果。”② 马丁·J·贝利所说的更严酷的后果就是更低的人口规模或者一个社会的消亡。波斯纳所说的“浪费”和马丁·J·贝利说的“无效”其实是同一个意思,都意指初民社会中的人必须寻找到最有效的资源利用办法,否则将使自身的生存面临严重的威胁。

在经济学中,有学者认为“效率”是指在“给定投入和技术的条件下,经济资源没有浪费,或对经济资源作了能带来最大可

---

① 【美】理查德·A·波斯纳著,苏力译:《正义/司法的经济学》,中国政法大学出版社 2002 年版,第 31 页。

② 【美】马丁·J·贝利著,艾佳慧译:《原始财产权的近似最优》,载【美】唐纳德·A·威特曼主编,苏力等译:《法律经济学文献精选》,法律出版社 2006 年版,第 418 页。

能的满足程度的利用，也是配置效率的一个简化表达。”[①]“当任何可能的生产资源重组都不能在不使其他人的情况变坏的条件下，使得任何一个人的福利变好时，就达到了配置效率或效率。”[②] 这里所说的配置最优，就是经济学中经常说的“帕累托最优”。有学者认为，效率是指“资源配置使社会所有成员得到的总剩余最大化的性质”，“总剩余＝买者的评价－卖者的成本”。[③]也就是说，充分利用现有资源，生产出尽可能多的产品。

波斯纳认为，效率就是表示使价值最大化的资源配置。[④] 所谓的价值最大化，波斯纳认为应该以人们的实际支付能力来衡量。举个例子，一个馒头对一个穷人的效用[⑤]是 1 元，但是他没有支付能力；同样一个馒头，对一个富人而言只值 0.5 元，富人有支付能力。此时，这个馒头的效用就是 0.5 元。

在本章的第一节中主要关注初民社会如何利用现有资源，获得更多的社会产出；在本章第二节中主要关注初民社会的制度设计相对于现代法律制度的设计而言，如何更好地节约成本，提高纠纷处理效率。本章的一个重要前提就是初民社会中的人所面临

---

① 【美】保罗·萨缪尔森、威廉·诺德豪斯著，萧琛主译：《经济学》，人民邮电出版社 2008 年版，第 642 页。

② 【美】保罗·萨缪尔森、威廉·诺德豪斯著，萧琛主译：《经济学》，人民邮电出版社 2008 年版，第 138 页。

③ 【美】曼昆著，梁小民译：《经济学原理》，机械工业出版社 2003 年版，第 126 页。

④ 【美】理查德·A·波斯纳著，苏力译：《正义/司法的经济学》，中国政法大学出版社 2002 年版，第 15 页。

⑤ 效用，从商品或劳务的消费中获得的所有满足。参见【美】保罗·萨缪尔森、威廉·诺德豪斯著，萧琛主译：《经济学》，北京：人民邮电出版社 2008 年版，第 659 页。

的最大难题——生存问题，只有在已有条件下尽量提高生产效率，才能增加自己的生存机会。

第一节　实体法中的效率

马丁·J·贝利认为，“如果一小块土地能够在一个缺乏食物的季节里提供给拥有这块土地的一家人维持其生存的相当大的一部分，或者如果共同耕作一个更大的地块不会带来食物生产上的规模经济，那么一家人拥有一小块土地的做法就是明智的；如果上述两种标准都不可能，那么群体的公有产权就是明智的了。这种联系会使你很容易地将一个部落的生存策略类比于一个公司的生产计划，在某些情形下，有效生产的最小单位是家庭，而在另一些情形下，有效生产的单位却是几个家庭的组合或者部落，经济规模决定了不同的生产模式。”“更进一步的，根据特别的狩猎和采集活动，最小的有效生产单位就有所不同，而权利的配置也随之有所不同。”① 也就是说，如果一小块私有的土地能维持一家人的生存，那么私有制就将出现；如果不能，私有制就不会成为土地所有制中的主导。

马丁·J·贝利主要论述了狩猎与公有制的关系。在本章中，狩猎与公有制的关系也是笔者的一个论述重点；此外，笔者还将尝试对传统的“刀耕火种”与规模经济的关系进行分析。

---

① 【美】马丁·J·贝利著，艾佳慧译：《原始财产权的近似最优》，载【美】唐纳德·A·威特曼主编，苏力等译：《法律经济学文献精选》，法律出版社2006年版，第419—420页。

一、集体狩猎中的效率追求

（一）赫哲族狩猎习惯法

狩猎有单个出猎，也有集体狩猎。“集体狩猎的人数不等，一般打鹿人多一些，十几人或二十来人。撵细毛兽的时候人数少，三四人就可以，最多不超过十人。”① “赫哲人狩猎都是本村或附近几个村屯的人自愿联合起来出围。组织狩猎的人被称为‘劳德玛发’，汉话叫‘把头’。但这和封建社会把头是不同的，把头和集体成员是平等的，并没有什么特殊的权利，他和别人一样参加劳动，而且也只能分给他应得的一份。当把头的都是有经验的人，地理熟悉，狩猎能手，在群众中要有威望，办事公正等。”② “把头组织出围时，要告诉大家，自愿参加来者不拒。这样每次都由这个人组织出围，大家也就承认他是把头了，要想出围就跟把头说，把头同意了就出去。”③这是赫哲族狩猎的组织形式。

在赫哲族传统习惯法中，“猎场均为公共所有，谁先到猎场，即为谁狩猎。在长白山脉和乌苏里江以东的完达山脉更是如此。但在松花江下游的赫哲人中，由于貂鼠日益减少，因此捕貂时到黑龙江以北的‘兰格里’山中去捕获。到猎场后，无论是个人或合伙的猎人都分得一段猎场，不得过界乱捕。这是因为貂鼠珍贵，价高不可多得的稀有野兽之故。”④ “每次出发打围的时候由

---

①②③ 中国科学院民族研究所黑龙江民族社会历史调查组编写：《黑龙江省饶河县西林子乡四排村赫哲族情况》，未出版，1958年8月，第16页。现藏于中央民族大学图书馆。

④ 本书编写组：《赫哲族简史》，黑龙江人民出版社1984年版，第187页。

一族或一屯的人公议，某伙到某处打围，如有事争执则由族长或屯长决定。到了山中又分某一小伙到某一山头打围。此并非分配土地，只能视为暂时分配猎区而已。”① 这是赫哲族传统习惯法中关于猎场分配的规定。

“对猎获品的分配，清朝末期之前赫哲人种上保持着共同狩猎，平均分配的较原始残余形式。无论猎获物或将猎获物出卖的现金，所有参加狩猎的成员，都平均各得一份，‘劳德玛发’也不例外。”② 这是与生产资料公有制相适应的劳动成果的分配制度。

（二）已有的解释

马丁·J·贝利认为，“如果相关的食物资源能够在整个部落领地以一种相对固定的、可以预见的方式分配的话，一个单个的家庭就能靠一小块固定的土地维持生活。”③“但是不管是土地还是猎物，资源或者技术的下列特征必然使得公有产权优于私人产权：（1）对部落领地内猎物或植物的分布缺乏预见性；（2）这种不可预见性的食物资源类型的分布是一种公共信息；（3）由于上述原因或者一些超越了个人控制能力的其他环境因素，个人成功的概率有很大不同；（4）集体的狩猎技术有很高的生产效率，比如驱赶猎物进陷阱或者越过悬崖；（5）避免大型野兽的伤

① 凌纯声：《松花江下游的赫哲族》，中华民国二十三年，第228页。现藏于中央民族大学图书馆。

② 本书编写组：《赫哲族简史》，黑龙江人民出版社1984年版，第186页。

③ 【美】马丁·J·贝利著，艾佳慧译：《原始财产权的近似最优》，载【美】唐纳德·A·威特曼主编，苏力等译：《法律经济学文献精选》，法律出版社2006年版，第420页。

害，特别是在一次成功的设陷后将这一动物运回家的时候。”①马丁·J·贝利对各点都做了进一步的论述：②

所谓分布的低预见性，是指人们对较重要的食物来源，特别是巨型动物，对他们将出现在哪个地方没有很好的预见能力。

所谓信息的公共产品特性，是指对上述预见性较低的信息，大家的合作搜索比个人单独搜索更有效率，因此而获得的信息就具有公共产品特性。信息的分享和合作搜寻意味着所有的参与者都拥有一个共同的边际产品而不是单独归属于那个成功的猎人。

狩猎或采集活动成功概率的高度不一致通常意味着挨饿的风险很高。由于缺乏食物存储技术，成功的狩猎者或者采集者在食物变质之前会拥有比自己家庭生活所需还多的食物，在成功是随机的且互不相关的地方，共同分享食物可能会显著减少这种群体内部的不一致，也就是说，公有产权或者平均化实践有可能实现这种减少。对此，波斯纳有相似的见解；国内学者王学辉也有类似的分析。③

群体狩猎技术的高生产率是指群体狩猎对于那种广泛分布

---

① 【美】马丁·J·贝利著，艾佳慧译：《原始财产权的近似最优》，载【美】唐纳德·A·威特曼主编，苏力等译：《法律经济学文献精选》，法律出版社2006年版，第421页。

② 参见马丁·J·贝利著，艾佳慧译：《原始财产权的近似最优》，载【美】唐纳德·A·威特曼主编，苏力等译：《法律经济学文献精选》，法律出版社2006年版，第421—423页。

③ 参见【美】理查德·A·波斯纳著，苏力译：《正义/司法的经济学》，中国政法大学出版社2002年版，第169页。王学辉：《从禁忌习惯到法起源运动》，法律出版社1998年版，第102页。

的、很容易在每个家庭的私人土地上发现的动物（比如兔子）的捕获也是极有效率的，如果在群体中存在私人土地的话。由于群体狩猎的高效，单个家庭也会愿意参与其中。

避免野兽的伤害，是指在一次成功狩猎后获得的猎物必须要运回住地是一种危险行动，因为一个人要将一个巨型猎物运回住地是困难的，而且很可能在途中遭到其他动物的攻击。因此，最好的办法就是由集体来实施。

（三）关于信息的公共产品特性的补充说明

基于猎物信息的公共产品特性，决定捕获猎物的猎人不能独享猎物。“赫哲人合伙打围所得的野物，须平均分派，如十人为一伙，则分为十份，不论老幼均各得一份。其法：以野物在地上先分成十分，做好标记，再用小木板十块做同一标记，放在一个皮口袋中，各人摸出一木块，凭标记对号而取物。不过大的野物如熊、鹿等方法略异。谁先发现熊的所在地，则熊皮熊胆归发现者；得鹿则茸角与鹿公分，鹿皮须归打倒鹿的砲手。猎户得鹿时必须向天大叫‘anih3’，表谢天之意，其从人亦随之同叫一声。如在同场有非本伙的猎户，亦叫‘anih3’，将来分派此鹿时，此人亦可得一份。”① 壮族习惯法，“捕获的野兽，按习惯法给射中者多得一份外，其余都按照人数和狗数均分。猎得黄麝，皮归射中者，肉则平均分配。较小的野兽，不便分肉时大家聚餐一次。”②

① 凌纯声：《松花江下游的赫哲族》，中华民国二十三年，第228页。现藏于中央民族大学图书馆，第227页。

② 张冠梓：《论法的成长——来自中国南方山地法律民族志的诠释》，社会科学文献出版社2002版，第265页。

瑶族习惯法，“猎物头、颈奖励猎手和坛主，肉平均分配。”[①] 在初民社会中，猎物平分是一种最为常见的习惯法。

在赫哲族狩猎习惯法中，“对猎产品的分配还有些传统习惯，猎民们都自觉地遵守。猎人捕获到了被别人所追赶的野兽，只要猎获者还未将野兽背起来，而追赶的人赶到，或者既未追赶野兽，又未参加捕兽的人，正巧遇到猎人剥兽皮、剔肉时，也要分给后来者一份。如果猎人将野兽已收拾完毕，背起来要起程时，后赶来者也就一无所得了。在分配时，如果猎获了貉子、鼬鼠之类细毛兽，在皮张出卖后，分给后来者一部分钱；如果猎获的是袍子，则分给后赶来者一部分肉，皮张归猎获者所得。”[②] 笔者认为，这是基于信息分享而产生的一种分配制度。我们可以想象一下这样的场景：一个猎人射中了猎物，猎物负伤逃跑，猎人紧追不舍。这时候，半路杀出个程咬金，捕获了受伤的猎物。此时，先射中猎物的猎人该不该对猎物享有一定的权利？如果应该，权利该如何界定？多数人都会认为先射中猎物的猎人应该对猎物享有一定的权利。但是，权利的界限却是很难划定的。赫哲族人就以他赶到时，捕获者是否已经将猎物背起准备离去为时间界限。对此或许可以这样解释，如果先射中的猎人能够很快赶上，说明猎物受伤严重，他应该对该猎物享有权利。如果一个受伤的猎物尚能脱离猎人的追赶，表明受伤并不严重，后捕获的猎人就相当于捕获一只未受伤的猎物，他享有对该猎物的全部权利。两个猎人分享猎物，实际上是由于后者分享了前者的信息。而对于只是

① 张冠梓：《论法的成长——来自中国南方山地法律民族志的诠释》，社会科学文献出版社 2002 版，第 178 页。

② 本书编写组：《赫哲族简史》，黑龙江人民出版社 1984 年版，第 187 页。

路过、并未参与打猎的人能够分享猎物，应该用食物分享的原则来进行解释。这是下一章的主题之一。

（四）集体狩猎与规模经济

马丁·J·贝利的描述向我们展示了原始社会的生存压力，搜索信息、捕获猎物、运输、保管，每一步都存在风险和困难。任何个体都无法在私有制下解决这些困难，而公有制下的合作则可能是一个较好的解决办法。这也是制度经济学的核心论点，制度影响生产效率。

说到生产效率，我们首先要弄明白的就是“规模经济”。所谓规模经济，是指“劳动生产率的提高或平均生产成本的降低，都源于全部生产要素投入的同比例增长”①。“当所有投入的均衡增加导致了更大比例、更小比例或同比例的产出增加时，生产表现为规模报酬递增、递减或不变。”② 举个例子：1 个工人，用 1 斤面粉、15 个鸡蛋，可以生产出 40 个蛋糕。现在，所有要素投入增加一倍，也就是 2 个工人，用 2 斤面粉、30 个鸡蛋。如果他们能够生产出 80 个蛋糕，就是规模报酬不变；如果他们能够生产出 80 多个蛋糕，就是规模报酬递增；如果只生产出不到 80 个蛋糕，就是规模报酬递减。

到目前为止，似乎还没有看到有关规模经济与猎场公有制的联系。规模经济的要件“全部生产要素投入的同比例增长”，我们如何从狩猎活动中发现这种全部生产要素的同比例增长呢？我

① 【美】保罗·萨缪尔森、威廉·诺德豪斯著，萧琛主译：《经济学》，人民邮电出版社 2008 年版，第 642 页。

② 【美】保罗·萨缪尔森、威廉·诺德豪斯著，萧琛主译：《经济学》，人民邮电出版社 2008 年版，第 98 页。

们可以想象一下，狩猎中最重要的生产要素有哪些呢？我想，它们应该是狩猎者、狩猎工具和猎场。

在赫哲族地区，狩猎所需的工具都是归私人家庭所有。在参加集体狩猎活动的时候，每个人都自带工具。这也就是说，在狩猎组织中，人员增加的时候，生产工具也相应增加了。

那么，猎场的增加又如何理解呢？“每次出发打围的时候由一族或一屯的人公议，某伙到某处打围，如有事争执则由族长或屯长决定。到了山中又分某一小伙到某一山头打围。此并非分配土地，只能视为暂时分配猎区而已。”本标题开头处的另一则材料显示，一些地方由于貂鼠日益减少，在猎貂的时候猎场的占有界限更为严格。我们可以推断，公有制是指在猎取生活物资时的猎场所有制形式。材料中所说的出发前先决定各伙打猎的方向、到了山中又分山头，是对猎物分配随机性的一种适应。如果大家全都涌向一个地方，获得猎物的可能性就将大大降低。由于猎物分布的偶然性，这种对山头的临时分配并不直接影响其他组获得猎物的可能性，这也是马丁·J·贝利所讲的狩猎活动的“互不相关”。对每一个小组而言，这个山头就是他们的“公共猎场”。在赫哲族生活的库页岛原始森林、松花江流域，长期以来地广人稀，根本不存在人口拥挤的情况。对于材料中所说的“某一山头”，我们不应理解为一个具体的山头，最好理解为某个山头的周围地方，猎场范围仍然是较广的。而且，成员多的组相应的也会获得更大的猎场。笔者认为，由于猎场范围足够大，这就可以理解为猎场范围的相应增加。

随着狩猎者、狩猎工具和猎场范围的相应增长，以及由于集体合作更容易获得猎物动向的信息等因素的共同作用，捕获猎物的可能性大大增加。这也就是说，集体狩猎活动产生了规模经济效应。用一个最简单的说法，实现了1+1>2的效果。因此，集体狩猎是一种有效率的生产组织形式。有学者指出："同样数量的人，联合工作比各自单干更有效率，更富有成果，在生存和抵御外敌这些基本活动中，共同活动变得重要了。"① 该学者所说的，实际上就是规模效应。

进一步而言，集体狩猎组织应该达到规模报酬递增的效果，至少应该保持规模报酬不变的效果，规模报酬递减是不可接受的。规模报酬递减，说明其中有生产要素没有得到充分利用。为了使各生产要素得到充分利用，人们就会根据生活经验对各要素的搭配做出调整。

二、刀耕火种中的效率追求

（一）刀耕火种的生产过程

到20世纪50年代初，我国西南边疆的一些少数民族还处于刀耕火种的原始社会阶段，主要有独龙族、布朗族、佤族、景颇族、基诺族、怒族和德昂族。这些民族中，有些已经开始从刀耕火种的生产方式中解放出来了，有些则仍然以此为最主要的生产方式。

刀耕火种的程序大概是这样的：春季砍山伐木，晾干后放火焚烧，然后在留有灰烬的山地上用削尖的竹竿和木棍戳出洞穴，将种子丢入洞穴中。从播种到收获，不施肥，不犁不耕，收获量

---

① 张冠梓：《论法的成长——来自中国南方山地法律民族志的诠释》，社会科学文献出版社2002版，第178页。

极低。而且通常是耕种一年后丢荒，待若干年后再行烧荒点种。由于刀耕火种，需要轮歇，所以这些民族的耕地没有固定下来，需要不时地辗转迁徙。[①] 刀耕火种的大致情况就是这样。

（二）刀耕火种下的土地所有制

1. 独龙族的土地所有制[②]

根据20世纪50年代的民族社会历史调查的资料显示，当时独龙族大多数人仍以刀耕火种为最主要的生产方式。他们“使用尖竹器或木器戳洞点玉米，用天然树杈制成的木钩松土、锄草，效率很低。后来在木锄尖端镶上铁皮，改成小铁锄使用，但也是和竹、木、石农具并用”。[③]在所有制方面，大致情况如下：

家族公有共耕制：土地属于整个大家庭公社公有。春耕期间，由家族长召集全家族成员进行集体耕作。家族长根据耕地面积的大小，按户平均分配劳动力、分摊种子，一次播种完毕。收获时，将粮食堆放在一起，由年长的妇女（有时是男子），按户平均分配粮食，或者把多数粮食留下，储备在公共的仓房里，指定妇女看管，使用时按户平均分配。

家族伙有共耕制：土地由若干成员共同占有一块耕地，共出种子，共同耕作，平均分配产品的耕作形式。

私有伙耕和私有私耕：随着耕地逐步固定、集中、半商品化，土地私有制出现了。当时，私有土地主要是房屋前后的园地。在此基础上，形成私有伙耕和私有私耕关系。

---

① 参见张冠梓：《论法的成长——来自中国南方山地法律民族志的诠释》，社会科学文献出版社2002版，第146—147页。

②③ 张冠梓：《论法的成长——来自中国南方山地法律民族志的诠释》，社会科学文献出版社2002版，第147页。

由于家族共有耕地越来越束缚家族成员的生产积极性，在劳动力的使用和产品分配上都出现了不均现象，它已成为生产发展的桎梏，因而家族公有共耕的土地在近代逐渐为伙有共耕制所代替，到20世纪50年代初期只作为一种残余形式保留下来。

2. 德昂族的土地所有制①

德昂族的土地都是各家单独经营，水田全为私有，谁开归谁所有，可以买卖、典当；旱地各家自己开垦，一般只能耕种3年，地力耗尽，抛荒后仍属村寨公有。

云南省镇康县德昂族地区，从事犁耕农业的历史已相当长。他们犁耕的主要特点，是在经过焚烧犁翻的茅草地上种植旱稻和玉米。种植的技术是将茅草地上的杂草和灌木丛砍倒，晒干后用火焚烧，烧后犁翻，然后再把草根、树根等集中起来焚烧，烧后再犁，犁后平土，平土后才可以播种。同时，当地还保存着少数的刀耕火种农业，先把树木砍倒，再把砍倒的树木砍成小段，进行焚烧，便在灰烬上进行播种。

德昂族的耕作技术与内地相比是粗放的，但相对周边的其他民族而言又是较高的。水田一般能做到两犁两耙，锄草一两次。旱地一向在冬末春初就砍伐树木，晒干后即放火烧荒，然后犁耙一两次即下种，第一年普遍种豆类，称为练地，二三年种旱谷，第四年即抛荒。

在农具方面，已完全使用铁器，长刀、斧、铁锄、铁犁都是从其他民族那里买来的。部分地区由于经济困难，无钱购买，在

① 张冠梓：《论法的成长——来自中国南方山地法律民族志的诠释》，社会科学文献出版社2002版，第149—150页。

20世纪50年代还使用木锄。

（三）刀耕火种中的效率追求

通常我们讲到“刀耕火种”的时候，总是觉得这是最原始、最落后的生产方式，很少或几乎没有去分析，其中是否还有它自身的合理性。本标题的主要目的就是证明刀耕火种也有对效率的追求，在当时是一种有效率的组织形式。

1. 刀耕火种与规模经济

刀耕火种的第一要点，仍然是规模经济。在刀耕火种这种生产方式下，任何个人的力量都是微不足道的。我们无法想象，任何个人可以通过个体劳动获得生存所必需的生活资料。在这种情况下，集体劳动和公有制是一种有效率的选择。

我们可以这样来分析集体耕作的规模效应：在刀耕火种的生产方式下，1个人每年仅能收获100斤粮食；如果2个人一起劳动，可以收获220斤粮食。劳动成员的适当增加，可以扩大生产规模，提高生产效率，体现出集体劳动的规模效应。这就是说，他们所面临的生产压力相应的降低了。

这种规模效应从何而来？笔者认为，主要有两个方面的原因：一是有了劳动伙伴之后，相互之间就有了交流和鼓励。人是社会性的动物，有了交流和鼓励，就能更好的激发一个人的潜能，包括更好的发挥劳动能力，提高劳动效率。二是有了原始的分工和合作，能更好地发挥个人优势。即便是刀耕火种，一定有些人更擅长做简单的石器，有些人更擅长干力气活，这就是简单的分工。关于合作，可以这样理解：在现有的关于初民社会的资料中，几乎没有看到哪一个民族是以单一的劳动生产方式，如刀耕火种、狩猎、采集、捕鱼中的任何一种生产方式作为其唯一的生活资料来源。他们都是通过多种方式获得生活所需物资，主辅各有不同。但这也就说明，刀耕火种其实也是合作机制的一部分。在刀耕火种中形成的合作关系和其他生产方式中的合作关系一样，都是他们之间合作关系的一部分。对此，有学者认为，刀耕火种这种社会生产特征“决定了他们的相应的生产关系的特征，如土地等生产资料所有制度不能持久、稳固和明确，人们在生产中的互助合作关系变得重要、却没有交换条件的概念，与和劳动量不怎么关联的平均分配产品方式等，并进而形成他们的社会组织结构和固有法的若干特征。”① 这也说明初民社会的刀耕火种生产方式下，互助合作是很重要的。为何重要，则是由于这种互助合作所能发挥的规模效应。

2. 刀耕火种与监督成本

但是，集体生产并不总是能够发挥出规模效应。由于各种原因，有时候就可能产生“公地悲剧”。上文在叙述独龙族土地所有制的时候，就讲到“由于家族共有耕地越来越束缚家族成员的生产积极性，在劳动力的使用和产品分配上都出现了不均现象，它已成为生产发展的桎梏，因而家族公有共耕的土地在近代逐渐为伙有共耕制所代替”。② 这实际上讲到了制度变迁的根本原因。

可以想象，由于不公平的行为出现，人们的劳动积极性受到打击，惰性开始上升并影响到集体生产的效率。也就是说，当家族成员的生产积极性都下降了的时候，这时体现出来的就不是规

① 张冠梓：《论法的成长——来自中国南方山地法律民族志的诠释》，社会科学文献出版社 2002 版，第 147 页。

② 张冠梓：《论法的成长——来自中国南方山地法律民族志的诠释》，社会科学文献出版社 2002 版，第 147 页。

模效应了，而是真实的发生了“公地悲剧”。

在原始社会或者说初民社会，要对每个家族成员的劳动积极性都进行监督和评价，并设置激励制度的信息成本是高昂的，尤其是在劳动集体扩大到一定规模时。就像生产队集体劳动一样，要监督让每个人都努力劳动是很困难的。结果，做多做少一个样，甚至做得少的人能多得粮食。这个时候，家族公有共耕制的弊端已经严重，无效率的生产状况会增加每个人的生存压力，必须要进行改革。

必须降低监督所需的信息成本。改革所有制形式，从家族公有共耕制转向了家族伙有共耕制。我们可以将“家族公有共耕制”视为全民所有制，“家族伙有共耕制”则可以视为集体所有制。在家族伙有共耕制下，土地仍然属于公有制形态；而少数几个家庭在共同劳动生产中，要实现对其他人的监督所需的信息成本则大大降低了。因为在家族伙有共耕制下，劳动集体的规模缩小了，集体中的劳动者将要对自己这个小团体的生存负责了。这时，集体劳动又可以发挥出规模效应。

因此，从家族公有共耕制向家族伙有共耕制的过渡，所产生的最大变化不是所有制形式发生了变化，而是降低了监督所需的信息成本。这种制度变迁，仍然体现了原始社会中的效率追求。

3. 从刀耕火种到精耕细作

从独龙族的刀耕火种作为主要的生产方式，到德昂族精耕细作作为主要的生产方式，体现了社会发展进步的过程。当然，德昂族的生产方式并没有达到内地汉族地区的那种精耕细作的水平。但是，为了对两者进行区分，且其生产方式确实在向精耕细作发展，因此，暂且称其为精耕细作的生产方式。

在刀耕火种时代，以木器、石器为主要生产工具，在生存压力还很巨大的时候，集体生产相对而言更有效率。因此，公有制是主要的所有制形式。

在精耕细作时代，以铁器为主要生产工具，生存问题已经能够通过单个家庭劳动生产得到解决。因此，私有制逐渐成为主要的所有制形式。

从刀耕火种到精耕细作，在生产工具进步、所有制形式变化的背后，隐藏的信息是食物的获得更稳定、更便捷。当生存压力减轻时，合作就不再是唯一的选择，集体劳动自然会逐渐解体。

第二节　程序法中的效率追求

在上一节中，通过对集体狩猎及刀耕火种的分析，已经在一定程度上说明在初民社会的实体法中是有着追求效率的价值取向的。本节中，将通过对民族习惯法中程序法的分析，试图证明在其中也是存在追求效率的价值取向的。

不知道您看过喜剧片《倔强的萝卜》没有？故事的开端是电影主人公老萝卜向他的战友（剧中是一个地产商）赵老板要求归还借款 40 万元。赵老板一直无端拖欠，老萝卜无奈之下准备向法院起诉，却不幸被赵老板知道了。赵老板说还钱，一并请老萝卜吃饭。在吃饭过程中，赵老板将老萝卜灌醉，找到老萝卜身上带的欠条并将它撕成碎片放进火锅里煮了。老萝卜执著的起诉，被判败诉。

电影也由此进入正式发展阶段，但是，我们要关注的问题到此就算是结束了。我们可以分析一下，在现有法律体制下，老萝卜在这种情况下恐怕就只能得到败诉的结果了，这也正是电影中老萝卜得到的判决结果。绝望之下，老萝卜决定发挥其科学怪人的特长，用高科技手段去偷回那本应属于自己的“正义”。故事因此展开，阴差阳错，笑料百出。这只是电影中的一个故事而已，我们没有必要太执著于它情节的严密性。在电影之外，是不是也会有类似的案例呢？下面我们就来看一个真实的案例：

【案例1】

这个纠纷的调解时间是2004年5月8日，地点是越西县中所镇附近的干河坝。“干河坝”顾名思义是一片平日干涸无水，只有洪水季节才有水流过的乱石滩。近午时分，×乡A家的人们首先牵着涉案的马从彝民村方向陆续赶来，他们围坐在干河的东侧。十多分钟后，纠纷的另一方——来七村的B家赶到后，围坐在河的西侧，与A家隔河相望。相关的家庭成员和调解者均到齐后，调解正式开始。这是一场由债务纠纷引起的盗马案。起因是B家认为A家欠了他们500元钱，因而到A家要债。A家否认有此债务，拒绝还钱。就在当天晚上，B家的人偷偷潜入A家去牵马，被A家当场发现。马虽未被牵走，但依照彝人的传统观念，A家人即认为B家盗马的行为损害了他家的尊严。于是，两家围绕着盗马事件和债务纠纷争吵不休，也曾经找了一些人调解了七八次，均没能奏效。此后，A家请来了海来德古，而B家则请来了吉克德古共同解决此案。①

我们可以看到，这个案件的起因是 B 家认为 A 家欠他们 500 元钱，而 A 家否认债务的存在。于是，B 家也采取了偷的方式去追求那份“正义”。结果，矛盾激化。如果和上述电影中的情节对比一下，我们会发现其主要案情如出一辙。

在第二章中就曾讲到，根据彝族传统习惯法，债权债务由双方当事人之间口头约定，无须证人，也没有文字凭证。如果发生赖账，同等级的人可以打鸡赌咒；低等级的人不能打鸡赌咒高等级的人，只能打鸡证明自己没有诬赖对方。同时，我们还讲到由于打鸡是彝族习惯法中最严厉的处理方式，不到万不得已，不被使用。在本案接下来的发展过程中，这一习惯法仍然在发挥重要作用。这将在后文中进行论述。

一、程序的产生

关于程序的产生，有学者认为：“在原始社会中，由于功能分化程度比较低，纠纷的解决缺乏严密的制度，选择的余地也极为狭窄。实现正义的方式是自力救济和血亲复仇。但结果却基本上是由力量对比关系决定的，代价太大，也并不一定符合正义，于是需要公正的第三者。首先人们找到了神明，然后有神明意志的宣托者和神圣礼仪。进一步发展下去，出现了调解和裁决的机构、制度；解决纠纷的根据是道德和习惯，但更有操作意义的是

① 李剑：《论凉山彝族的纠纷解决》，中央民族大学博士学位论文，2010 年 3 月，第 65 页。

报应和互惠的原理。这种实践的不断积累导致了法律规范和程序的出现。当然，作为其前提条件的还有国家的存在和政治系统的分化。"① 笔者赞同这种观点。

该学者所说的"作为其前提条件的还有国家的存在和政治系统的分化"应该是指政治权力的产生和部门的职能分工。在习惯法研究中，我们强调的是"权威"的产生，比如头人、首领、族长、土司等。部门的职能分工，则是较晚的事情。在少数民族社会历史发展过程中，在习惯法阶段很少有部门之间的职能划分。更多的是"权威"者一人身兼多职，他既是劳动生产中的权威，也是军事、对外交往中的权威，还是调解纠纷的权威。当然，也有极少的少数民族已经有了一些职能的划分，如新中国成立前的傣族、藏族社会中就有了专门负责审理案件的机构。笔者认为，彝族的"德古"，并不能算是职能部门的分工，只能算是初步的行业分工。

当纠纷的处理开始与自力救济分道扬镳的时候，程序法就有了产生的基础。通常，在习惯法中，程序并没有决定性的意义。

二、程序的启动

"一般而言，诉诸审判并不是一个优先选择，人们首先会力图避免纠纷，回避不了的时候多采取协商和交涉的办法去化解之。双方的努力没有结果时就会向第三者求助。调解是在有第三者介入的状况下的双方交涉。仲裁是在交涉的基础上的第三者判断。只有当这些非正式的社会控制方式都缺乏效果的场合，诉讼

① 季卫东：《法律程序的意义》，中国法制出版社2004年版，第44页。

才被作为最后手段而采用。”[①] 也就是说，当双方当事人不能通过和平协商的方式解决纠纷，第三方的力量就开始有了发挥作用的空间。

在彝族习惯法中，“当事人或者其亲属、邻里、家支头人均可依据证据向德古报告案情并提出所指控的对象，德古也可主动介入纠纷并予以解决。”[②] 德古可以主动介入纠纷的解决，倒有点像我们现在法院系统所提倡的主动走出法院去解决纠纷。当然，这只是一个不恰当的比较。这一习惯法说明，程序的启动方式是多种多样的。

三、程序法中的效率追求

（一）时间

提高效率的一种重要方式就是节约时间。在现行法律体制下，一个案件的解决，通常都要花费很长的时间。一个民事案件，若以普通程序处理，立案—送达—交换证据—庭审—判决，通常没有2个月下不来。一个刑事案件，若以普通程序处理，立案侦查—移交检察院—起诉—庭审—判决，通常没有3个月下不来。

在习惯法中，纠纷的处理过程也是要遵循一定程序的，在某种意义上，这种规则也是很严格的。虽然这种程序和现代诉讼法的程序规则有较大区别，但并不能因此就说习惯法中没有程序规则。对此，有学者就指出，在彝族的纠纷处理过程中，“如果我

---

① 季卫东：《法律程序的意义》，中国法制出版社2004年版，第46页。

② 陈金全、巴且日秋主编：《凉山彝族习惯法田野调查报告》，人民出版社2008年版，第90页。

们将‘程序’理解为按照一定的顺序、方式和手段来处理事务、作出决定的制度化安排，那么这个过程（纠纷调解过程。笔者注）无疑是存在着‘程序’的。”① “但需要强调的是，‘习惯法中的程序’是灵活易变的，程序的安排时常根据解决案件的实际需要而变动，从这个角度来看，凉山彝族的纠纷解决又显示出‘反程序’的特征。首先，在纠纷调解的流程中，除结案后不得反悔外，不存在单线不可逆的程序性的过程。其一，在第三方介入纠纷之后，当事人可以以合理的原由要求他们退出，同样，第三方也可依据合理的原由要求退出，这样，可能已深入到一定程度的调解又被迫回到零的状态；其二，纠纷的主要调解环节也不是不可逆的，不存在调查（陈述、出示证据、质证）→辩论→调解→形成合意的单向过程，相反，程序可能随着案情发展的需要而中断、回溯或者节外生枝。如在上述案例中，由于证据不足，双方在事实问题上始终存在着争议，为此，陈述、传递信息、辩论、质证、第三方合议、第三方提出和解建议的过程不断交替、重复，就如同纠纷交响曲中反复重现的主题一般。同时，当该案的调解陷入僵持的困境中时，第三方提出‘念鸡’进行神判，这个忽然插入的主题实际上成为打破僵局的关键，由于畏惧神判的效力，A 家的态度被迫松动，从而为接下来的和解奠定了基础。此外，在每一个阶段性的步骤中，也不存在机械的可为或不可为之事，如第三方在听取陈述时即可传递信息，在调查取证的同时也可以辩论、说理，全凭需要而定，不存在程序性规范的严格界

---

① 李剑：《论凉山彝族的纠纷解决》，中央民族大学博士学位论文，2010 年 3 月，第 66 页。

定。由此可见，彝族的纠纷解决过程体现出既遵循程序又机动灵活的特点，其纠纷调解反程序的外观与程序化的契机形成了辩证统一的关系。”① 笔者认为，该学者的分析很好地说明了习惯法中程序规则的特点，就是既存在一定的程序规则，但又往往体现出反规则的特点，不完全依程序规则办事。

通常，调解一开始，双方就开始各自陈述自己的理由，提交自己的证据，调解人在双方当事人之间听取意见、进行辩论，最终达成一致意见。依习惯法而进行的案件调解与现代诉讼法有着相同的价值追求，但是，相对现代法律制度而言，习惯法的调解更加简便。

独龙族纠纷调解过程大致是这样的，“通常调解人先发言，然后当事人申诉理由。每说一个理由，调解人即在这一方插一节小棍（或竹木），最后数一下，小棍多者即算理由多。调解人宣布后，其他人发表意见表示赞同、反对或补充调解人的意见，调解人亦连续插小棍。最后汇总大家的意见，小棍少的应当认错，一般来说没有不服的。”② 与大多数习惯法中，调解时双方当事人面对面的进行辩论，调解人居中听取意见不同，彝族习惯法中，案件“开始调解时，为避免双方‘擦枪走火’、爆发意外冲突，当事人在达成协议前始终不能碰面，或如案例中所表现的一般‘隔河相望’，或只能远远地背向而坐，这是必须遵循的场景安排。这样的场景一直要持续到纠纷和解之后，当举行和解仪式

---

① 李剑：《论凉山彝族的纠纷解决》，中央民族大学博士学位论文，2010 年 3 月，第 67—68 页。

② 民委民族问题五种丛书云南省编辑委员会：《独龙族社会历史调查》，云南民族出版社 1985 年版，第二册第 114 页。

时，当事人各方才能围聚一起，共弃前嫌。由于当事人不可面对面交锋，调解者便需起到信息传递的作用。"① 习惯法内容的丰富由此可见一斑。

本章开始所引述的关于500元钱的纠纷，其大致调解过程如下：

11：30—12：00 双方当事人到场，隔河相望；

12：00—13：30 德古（此处指纠纷调解的主持者海来德古及吉克德古）至B家了解情况，说理；

13：30—15：00 德古至A家了解情况，说理；

15：00—15：20 A家民族内部及A家所请的"莫者"们开个小会，统一意见；

15：20—15：40 A家意见统一，向德古陈述主张，德古说理，与A家辩论；

15：40—16：00 海来德古以及A家的"莫者"至B家传递信息，说理，与B家展开辩论；

15：45—16：00 B家请的吉克德古赶到，参与进对B家的说理中，B家亦在陈述己方的主张；

16：00—16：15 B家人出示证明债务存在的证据，但该证据仅仅是由第三人记的一笔账，并不正式，德古和其他调解者仔细地进行了质证；

16：15—16：25 两家的德古和"莫者"手执证据，至A家

① 李剑：《论凉山彝族的纠纷解决》，中央民族大学博士学位论文，2010年3月，第66—67页。

进行对质；

16：25—16：50 A 家内部商议，同时，所有德古和“莫者”组成一个临时的“调解委员会”另到一处，围坐一起进行商议；

16：50—17：20“调委会”与 A 家的人进行辩论、商议；

17：20—17：50“调委会”再次单独商议；

17：50—18：00“调委会”提出和解方案：由 A 家向 B 家支付 250 元钱了结此案。A 家随即表示拒绝接受该方案，坚持否认债务的存在；

18：00—18：25“调委会”一行至 B 家提出调解方案，B 家未表示反对；

18：25—18：50“调委会”再至 A 家，双方僵持、辩论；

18：50—19：00 由于 A 家毫不松动的态度，德古提出，恐怕只好“念鸡”；

19：00—19：20 一提到“念鸡”，A 家的态度变得慎重，本家人又聚到一起进行商议；

19：20—20：00 A 家人的商议未果，事态仍悬在“念鸡”的边缘，德古们显得很着急。A 家请的“莫者”们表明了 A 家的态度，并和吉克德古激烈的争论着。

20：00 A 家提出需要喊来一位证人，此人是 A 家的一位亲戚，据说他对债务是否存在的有关情况比较了解。

20：00—20：20 吉克德古与 A 家主要的“莫者”至不远处的玉米地密谈；

20：20—20：40 A 家人再至一旁密谈，“调委会”也在一起商议着；

20：40—20：50 证人迟迟未来，但由于双方均畏惧“念鸡”，德古又在不断地从正反两面晓以利弊，事情终于出现转机，双方均在考虑“调委会”提出的和解建议。

21：30 双方均同意和解，并初步议定和解方案。[①]

这是一个笔者亲历的案件，案件调解持续不间断地进行了近10个小时，调解过程异常艰辛。其最终的结果是A家同意向B家支付争议债务额的一半（250元钱），双方举行结案仪式，了结此案。

将文章开头处所介绍的案件的基本情况和此处所介绍的案件调解的基本过程放在一起观察，笔者注意到这样几个细节：

（1）案件在本次调解成功以前已经经过了“七八次调解”，但是一直未达成一致意见。彝族习惯法，一个案例如果没有调解成功，可以重新请德古，再行调解。只要谈判没有彻底破灭，就可以请德古进行调解，直到达成一致意见。在这里有两个问题需要说明：一是这种经多次调解未达成一致意见的案例在各种习惯法案例集中并不常见；二是说明在部分案件中，调解成本也是比较高的。

（2）案件经过10个小时的调解，终于达成一致意见。案件记录者认为“调解过程异常艰辛”。因为在习惯法中，“结案没有时间限制，一般的纠纷可数日结案，重大案件可持续数月甚至数年结案。”[②] 在彝族地区，这种持续数月甚至数年的案件数量极

---

① 李剑：《论凉山彝族的纠纷解决》，中央民族大学博士学位论文，2010年3月，第66—67页。

② 陈金全、巴且日秋主编：《凉山彝族习惯法田野调查报告》，人民出版社2008年版，第91页。

少。常见的纠纷，都能较快的得到解决。笔者想对这种调解持续很长时间的案件做一种类型化的表述，但没能成功。彝族习惯法研究的学者告诉我，无法对调解持续时间很长的纠纷在性质上做类型化的表述，因为在彝族习惯法中根本就不存在这种分类法。调解持续很长时间的纠纷，通常可以分为这样几种情况：一种是双方当事人在调解过程中丝毫不让步，导致无法达成一致意见。这种案件很容易引发进一步的冲突；另一种就是纠纷的处理结果确实存在不公平，当事人不同意按这种方案办，但又无法达成新的方案。还有一种，和第二种纠纷的处理结果有关系，就是受到不公平对待的一方当事人当时接受了不公的处理结果。数年后，或者数十年后，甚至数代人之后，双方家支的势力对比发生了变化，于是旧事重提，要求重新调解。在彝族习惯法中，这叫做“孙报爷仇”，在彝族传统文化中是一件很荣耀的事。但是，总体而言，这种调解耗时数年的纠纷还是很少，绝大多数的纠纷都能在较短的时间内得到解决。

其实，耗时数年进行纠纷调解正好从另一个角度说明，旧案生新案引发进一步冲突是一个成本高昂的选择，双方当事人都在极力的回避这种情况的发生。换言之，当事人都在追求和平理性的纠纷解决方式。

（3）在案件的调解前半段，A 家一直拒不承认债务的存在，德古提出“念鸡”。念鸡，就是第二章中所说的神判方式。打鸡就意味着谈判失败，双方将成为世仇。A 家这才调整策略，谈判得以继续进行。这说明了彝族人对神判的敬畏。从另一个侧面也反映出德古对于案件久调不决已经失去耐心。

（4）案件的最终处理结果，双方达成一致意见，A 家同意向

B家支付债务额的一半，案件调解成功。这说明调解的目的是"实现一种正义的合理的妥协"，"从妥协的视角来观察合意，就可以发现合意具有不可能还原于当事人各方意志的独立的存在价值。"① 案件的最终处理结果就是A家和B家两家相互妥协的产物。因为双方都知道，执著于案件的真相不利于案件的友好解决。为了这么一点利益而结下世仇，对双方来讲都是不值得的。在这种理性选择下，双方达成妥协，纠纷得到圆满解决。

通过本案调解过程的介绍，笔者主要是想说明这样一个观点：由于习惯法没有严格的程序法的限制，案件的调解过程融现代程序法中的若干程序为一体，相对于现代程序法而言，能够更高效的处理纠纷。

(二) 调解成本

本标题主要是想说明这样一个问题：选用习惯法处理纠纷，对少数民族群众而言往往意味着更低的成本。

第一章重点分析了交易成本问题，其中就讲到交易成本可以分为事先的交易成本和事后的交易成本。事先的交易成本中包括讨价还价的费用。笔者认为，习惯法中的调解成本可以纳入交易成本的分析范畴。节约了成本，实际上就是提高了效率。成本和效率有着密切的关系。标题开始处，笔者就提到，以习惯法来处理纠纷，对少数民族群众而言，往往意味着更低的成本。那么，这种成本优势主要体现在哪些方面呢?

上一个标题已经说了，以习惯法解决纠纷所花费的时间通常相对较少。在金钱上的节约，又如何体现呢？在现代法制体系

① 季卫东：《法律程序的意义》，中国法制出版社2004年版，第47页。

中，纠纷的解决至少要到派出法庭、司法所，或者县法院、司法局才能办理。这种往返是需要交通成本、伙食费的，在地广人稀的少数民族地区，这种成本就相对更高了。如果再考虑到集体责任，双方当事人在案件审理的时候总是尽量多的叫上自己的亲属、朋友一起前往法庭参见旁听，则交通成本、生活费会更高。尽管我们知道有“马背上的法庭”，但那也只是个别现象，不能是一种普遍的制度设计。

若以习惯法解决，调解人通常是就近选取地点进行调解。“德古接受当事人的告状后，应尽快告知当事人并确定审理或调解的时间和地点。”“德古审理或调解案件时，一般在当事人家支所在地进行调解。”[①] 这就减少了往返的交通费了。

现代法制体系下的另一个重要的诉讼成本就是代理费。对于今天的大多数人而言，法律知识仍然是陌生的；对少数民族群众而言，陌生的恐怕不仅是“法律制度”，更陌生的还是这背后的“文化”。在现代诉讼中，当事人的利益更多的要依靠“代理人”来保护。代理通常而言是需要代理费的，这对当事人而言又是一项重要的诉讼成本。选择用习惯法进行处理，就不存在这种诉讼法的问题了。

有学者在研究藏族习惯法的时候指出，“藏区地处偏远，山高皇帝远，历朝都是采取‘因俗而治’的办法，法律供给不足。况且，在这样的偏远山村里，若用国家法来处理这些‘民间细事’，不仅会导致巨大的人力、物力和财力的浪费，而且会拖延

① 陈金全、巴且日秋主编：《凉山彝族习惯法田野调查报告》，人民出版社 2008 年版，第 90 页。

对案件的及时审结。而藏族习惯法整合填补了国家法‘供给不足’、‘成本高’等缺陷和空白。”① 此外，“与习惯法相比，现行法无论在法的体系、执法程序、实体认定、监督保障等方面，均复杂、庞大和完善得多——尤其是评判标准和执行方式与习惯法迥然不同。这就使得藏区群众从适应习惯法的单一、简单、神秘到适应现行法，需要相对较长的时间。”② 这些问题其实不仅藏区存在，在许多偏远的民族地区都存在。但是，笔者不完全赞同这位学者所说的，由于国家法供给不足，因此可以选择替代产品——习惯法。对于选用习惯法的问题，笔者认为需要区别对待。总体而言，民事纠纷可以积极考虑选用习惯法进行处理，刑事纠纷则应更为慎重。国家法供给不足，我们应该考虑如何加大供给力度，而不能简单的选择替代品。

（三）执行成本

在少数民族地区，以习惯法调解处理完纠纷以后，一般都有一个双方言归于好的形式，表示纠纷已经处理完了，双方愿意共弃前嫌，和好如初。因此，双方当事人能够修复关系，和平的生活下去。如彝族的纠纷处理完后，有一个结案仪式，主要有热汤仪式和打鸡仪式两种。热汤仪式，“案件按习惯法审理或调解成功，要杀牛宰羊，喝和解酒，表示德古们的裁决具有最终效力，永不反悔。”打鸡仪式，“当众拧死一只鸡，表示永不反悔。如果反悔，就像这鸡一样死去。”③

---

① 吕志祥：《藏族习惯法：传统与转型》，民族出版社2007年版，第18页。

② 吕志祥：《藏族习惯法：传统与转型》，民族出版社2007年版，第62页。

③ 陈金全、巴且日秋主编：《凉山彝族习惯法田野调查报告》，人民出版社2008年版，第91页。

在现代法律体系下，少数民族群众往往是制度文化上的“他者”。当事人在纠纷的处理中，往往处于被动的局面，不知道能够主张哪些符合法律规定的权利。他们从一个陌生的角度来看待现代法制，缺乏信任感。

不仅如此，在现代法律体系下，诉讼在律师等代理人的参与下，双方对抗的因素较浓，使得纠纷的处理一直处于敌对的氛围中。案件的处理结果，不是双方当事人“合意”的结果，也就很难获得当事人的心理认同。

这样的处理结果，在执行上就要面临很大的困难。因此，在凉山彝族地区，很多纠纷经过法院的判决以后又还得经过一次习惯法的调解。相反的，经过习惯法调解的案件，一般都能得到很好的执行，反悔的比较少。

与之相关的一点，就是没有“再审”的案件。案件已经处理，就不得再纠缠不休；也不得申请再审，也没有德古会受理再审的案子。彝族谚语说：“用金子做成腰带的人，推翻不了用麻绳做腰带的人调解成功的纠纷”、“最没有名望的人调解成功的纠纷，即使最有名望的人也不能重新调解。”[①] 这也与我们今天的法院判决作出后，双方当事人上诉、申请再审不休，形成鲜明的对比。

四、本节结语

在本节的最后，笔者想说的是，在经济社会不断发展，信息

① 陈金全、巴且日秋主编：《凉山彝族习惯法田野调查报告》，人民出版社2008年版，第91页。

（包括法律知识）传播速度如此之快的今天，在少数民族地区，习惯法仍然有着如此顽强的生命力。这到底是什么原因呢？或者说，如果我们要不断的推进现代法制进程，政府又该如何采取措施切实地扩大现代法制的影响呢？

笔者并不主张强力推进国家法扩张，以国家法完全取代习惯法。但是，不得不承认的是，习惯法中也确实有部分内容是需要扬弃的。在我们想要推进现代法制进程的时候，就不得不考虑当地群众选用现代法律制度的时候所必须承担的成本以及他们的情感需要。法律的“正义”不仅仅是出于社会的正义感、国家的法制统一的需要，还要考虑当事人的“正义”。

只有这样，才能更顺利、更有效的解决国家法和习惯法之间的这种冲突。如果用法律经济学的术语来讲，就是如何降低制度变迁的成本。

第五章 民族习惯法中的风险分摊

初民社会中，风险无处不在。在第四章中，笔者已经指出初民社会中是充满风险的，食物匮乏使人时刻面临巨大的生存压力。因此，当时的人必须尽可能地提高自己的生产效率以赢得更多的生存机会。其实，除了食物匮乏，还有自然灾害、动物的袭击、血亲复仇、械斗等等都是初民社会中每个人都需要面对的巨大风险。任何个人在风险面前都是柔弱无力的。他们所面临的任何一个危险，都可能夺去他们的生命。如果我们想想 1918—1919 年广泛蔓延的西班牙型流行性感冒曾经造成的灾难，我们就会切实感受到这种风险的存在。西班牙流感是人类历史上最致命的传染病，在曾经造成全世界约 10 亿人感染，2500 万到 4000 万人死亡，其全球平均致死率约为 2.5%，和一般流感的 0.1% 比较起来可谓极为恐怖。当时西班牙有约 800 万人感染了此病，甚至连西班牙国王也感染了此病，所以被称为西班牙型流行性感冒。不要说是伤病，即使一个今天看来再简单不过的小伤口感染，也可能造成伤者的死亡。初民社会的生存环境之恶劣，也由此可以略窥一斑。他们必须通过分摊来降低风险，创造相对稳定的生活环境。

波斯纳认为："如果不假定初民们比现代人更怕风险或比现代人更少个体化，你就无法以很经济的方式来解释，保险作为原始社会中需求和提供的一种产品的重要性。”[①] 在本章中，要论述的就是初民社会中的“风险分摊”制度。虽然当时还没有“保险”、“风险分摊”这些概念，但是，我们将会看到，初民社会中的人已经通过种种制度设计来降低自身所面临的风险。

“风险是指投资收益的不确定性。”[②] 对于风险，不同的人有不同的态度。“若一个人为损失一定量的收入而产生的痛苦感大于他为得到同等数量的收入而产生的满足感，则他就是一个风险规避者。”[③] 反之，他就是风险偏好者。“一般来说，人们都不愿冒风险……在同样的平均价值条件下，人们宁愿要不确定性小的结果。”[④] 虽然大多数人都不喜欢风险，但是，风险无处不在。“市场机制通过风险分摊来应付各种风险。这一过程就是将对一个人来说可能是很大的风险分摊给许多人，从而使每个人所承担的风险很小。风险分摊的主要形式是一种方向相反的赌博形式——保险。”“保险将风险从风险规避者或风险较大者的一方，转移到偏好风险者或较容易承担风险者的一方。由此可知，保险，作为另外一种赌博形式，实际上正好发挥（与赌博）相反的作用。尽管自然界会造成风险，但保险却能够帮助我们减轻和分

① 【美】理查德·A·波斯纳著，苏力译：《正义/司法的经济学》，中国政法大学出版社2002年版，第157页。

② 【美】保罗·萨缪尔森、威廉·诺德豪斯著，萧琛主译：《经济学》，人民邮电出版社2008年版，第656页。

③ 【美】保罗·萨缪尔森、威廉·诺德豪斯著，萧琛主译：《经济学》，人民邮电出版社2008年版，第182页。

④ 【美】保罗·萨缪尔森、威廉·诺德豪斯著，萧琛主译：《经济学》，人民邮电出版社2008年版，第182页。

散这些风险。”① 也就是说，保险制度将一个人的大风险分摊开来，变为许多人的小风险，使大家获得了相对稳定的生活环境。初民社会到底是如何实现风险分摊的？本章将从民事习惯法中的风险分摊和刑事习惯法中的风险分摊两方面进行研究。

第一节　民事习惯法中的风险分摊

在本节的正式论述开始之前，笔者想就本节的标题做一个简要的说明。与其说是对本节标题的说明，不如说是对“民事习惯法”、“刑事习惯法”这种分类法的说明。这种分类法是以现代法学的理论框架来对习惯法的内容进行切割。这种分类方法已经引起了民族法学研究者的批评，主要是指这种生硬的切割法破坏了习惯法的本来面目。

习惯法其实是很难被划分为“民事习惯法”、“刑事习惯法”等条块的。例如，藏族习惯法中的“赔命价”，以现代法学理论框架来看，故意伤害致人死亡或者故意杀人都是刑事犯罪。因此，在当前的习惯法研究中，学者们也多将其放在“刑事习惯法”范围中进行分析。但是，如果换从藏族习惯法的角度来看，就没有这种区分。从现有的藏族习惯法的资料来看，他们并没有这种划分法。或者，我们再换一个角度来看，一个命案发生以后，可能朝两个方向发展，一种可能是朝“赔命价”的方向发展，一种

① 【美】保罗·萨缪尔森、威廉·诺德豪斯著，萧琛主译：《经济学》，人民邮电出版社2008年版，第183页。

可能是朝复仇（赔命价谈判失败后）方向发展。“赔命价”实际上是以一种民事赔偿的方式来解决刑事纠纷，我们将其划分为“民事习惯法”好像也并无不可。那么，我们是不是可以说，“赔命价”是“民事习惯法”，而复仇是“刑事习惯法”呢？恐怕这样也有失妥当。习惯法中就是这样，一个纠纷如果处理得当，即使是严重的案件也可以通过赔偿的方式来解决；如果处理不当，就很可能引发一场更严重的争斗。因此，要做一些条块式的划分是困难的。

笔者认为，“民事习惯法”、“刑事习惯法”只是当前学者为了研究的方便而对习惯法做的一种不得已的分类法。也正是基于这种原因，本章仍然采取了这种分类法。

一、食物分享与风险分摊

波斯纳认为：“保险，特别是为防止饥荒的保险会是初民社会的一种非常重要的产品。那里的生产条件，特别是存储食品的困难，给许多问题都带来了相当程度的不确定性：某个人的未来食品供应是否充足，因此也给他的财富带来了相当程度的差异。在这种情况下，产出超出了自己消费需求的甲方把自己的部分剩余产品给予乙方，换取乙方的承诺：在他们的角色反转时，乙方给予回报，这样的交易对双方都很有吸引力。由于假定了食物不可储存，因此甲方没有自我保险的可能。”[①] 换句话说，由于缺乏有效的食物保存技术，甲方在获得超过自身消费需要的食品的时候，无法将剩余的食物保存起来，以供自己将来缺乏食物的时候

① 【美】理查德·A·波斯纳著，苏力译：《正义/司法的经济学》，中国政法大学出版社 2002 年版，第 156 页。

使用。在初民社会中，这种缺乏食物的可能性是很大的。因此，甲方将剩余的食物给予此时缺乏食物的乙方；乙方接受食物的一个潜在承诺就是在将来获得食物的时候与甲方分享，以满足甲方可能出现的食物缺乏。当然，波斯纳的这种假设还有一个前提条件，那就是在初民社会中很少有可以用来和食物进行交换的其他消费品。因此，与其让食物坏掉，换取一种未来保险是一个更好的选择。

今天的我们很难想象食物的保存竟然会是一个这么重要的问题，以至于初民社会中人们的生活似乎得围绕这个中心来展开了。那么，让我们先看看这个例子吧。大家都知道15世纪的地理大发现，也知道促使葡萄牙人和西班牙人冒险航海的原因很复杂。但是，也许我们不知道在促使他们冒险航海的原因中，居然有一条是为了寻找香料。今天的我们很难想象，“香料”怎么可能会成为如此重要的物资，以至于他们要冒这么大的风险呢？一种解释就是香料是保存食物的重要原料，经过香料处理的食物能保存更长的时间。“在只晓得用盐处理食品，对其他食物保存技术知之甚少的世界里极受欢迎的香料贸易极为重要。”① 不幸的是，“在当时，从欧洲前往东方的通路被整个北非和中东的穆斯林势力所阻断，对欧洲人来说，地中海是一所牢狱，而不是一条通途。因此，除了作为中间人谋利的威尼斯人外，欧洲人都渴望找到一条‘通往香料产地东印度群岛’的新路。”② 由此可见，

---

① 【美】斯塔里夫阿诺斯著，董书慧、王昶、徐正源译：《全球通史》，北京大学出版社2005年版，第293页。

② 【美】斯塔里夫阿诺斯著，董书慧、王昶、徐正源译：《全球通史》，北京大学出版社2005年版，第336页。

食物的保存从来都不是一件容易的事，直到现代科学技术有了长足发展。

在初民社会，家庭是一个较好的风险承担共同体。家庭中的所有成员是一个整体，他们一荣俱荣、一损俱损。或许，这也可以为初民社会中的人总是竭力生育子女以增加自己的家庭成员做出另一种解释吧。然而，在初民社会中，单个家庭仍然不足以抵抗自然界的危险。而且，也由于家庭本身就是“一个整体”，它仍然不能将风险分摊出去。波斯纳认为，“就我们所知而言，家庭还是太小了，还不能为保险目的创造一个足够大的风险储备。为什么初民社会会倾注如此多的语言、法律和信息资源来勾勒亲属群体，这些群体要比现代家庭或在这方面也要比初民家庭大得多，也许这就是其中的原因之一。”① 也就是说，扩大亲属群体就是增加风险承担者的数量；多了承担者，风险的危害性将大大降低。进一步而言，扩大亲属群体是一种简便有效的增加风险承担者数量的办法。换言之，增加风险承担者数量的办法不是仅有扩大亲属群体一种。常见的另一种增加风险承担者数量的办法是与邻居搞好关系，形成互助的共同体。我们常说的“远亲不如近邻”应该也是这个道理吧。当然，在初民社会，邻居通常就属于同一氏族或家族。但是，情况也并不总是如此。

民族习惯法中，食物分享是一种常见的习惯法，赫哲族传统的狩猎习惯法中就有这样的内容。“对猎获品的分配，清朝末期

---

① 【美】理查德·A·波斯纳著，苏力译：《正义/司法的经济学》，中国政法大学出版社 2002 年版，第 158—159 页。

之前赫哲人总是保持着共同狩猎，平均分配的较原始残余形式。无论猎获物或将猎获物出卖的现金，所有参加狩猎的成员，都平均各得一份，‘劳德玛发’也不例外。”① “猎获品无论捕获多少，所有的猎人都要进行平均分配，对自己亲戚，鳏、寡、孤独没有劳动力或有劳动力没有出围的人，也要送给一些兽肉。”② “狩猎中，捕到野兽的人，要分给未捕到野兽的人一份兽肉。”③ 捕鱼归来，通常也要送给自己的亲戚与周围需要帮助的人一些。这其中的一个意思就是，要与其他人分享自己的劳动成果，才能换得别人的回赠。另一种理解，可以说“谁都有老的时候”，在一个充满风险的社会，谁又能保证今天强壮的自己不会成为明天需要别人帮助的弱势群体呢？因此，这样的食物分享是符合大家的共同需要的。

其实，在日常生活中大家“共同劳动、平均分配食物，禁止多吃多占”在少数民族习惯法中是很常见的。侗族有歌谣反映这种情况，“公上山，把兽赶；奶下河，把鱼捉；公得肉，分众人；奶得鱼，众人跟；人有股，众拍手；人有伤，众高兴；手拉手，喊务呼；脚跟脚，众来合。”④ 此外，鄂伦春族、柯尔克孜族、独龙族、达斡尔族等少数民族都有类似的习惯法。“鄂伦春族猎获物按打猎成员或‘乌力楞’家庭平均分配，如打了野兽后有人赶

---

① 本书编写组：《赫哲族简史》，黑龙江人民出版社1984年版，第186页。

② 全国人民代表大会民族委员会办公室编写：《黑龙江胜抚远县下八岔赫哲民族乡情况》，未出版，1958年5月，第26页。现藏于中央民族大学图书馆。

③ 本书编写组：《赫哲族简史》，黑龙江人民出版社1984年版，第187页。

④ 贵州民族事务委员会、贵州省文联民研会编：《侗族文学资料》，第五集，贵州民族事务委员会、贵州省文联民研会印行，1985年，第147—148页。转引自，高其才：《中国少数民族习惯法研究》，清华大学出版社2003年版，第24页。

到，就有权分一份。柯尔克孜族的猎物分配形式保留着集体平均分配的原始遗风，猎民带回猎物后，将肉分给大伙食用。步行出猎时，甚至赶到现场者也有一份。独龙族集体进行捕鱼时，则平均分配其收获物。”[①] 达斡尔族习惯法中，“猎获物由斯坦达分配，他按阿纳格的人数分成堆，堆与堆在品种和数量上尽量均衡。斯坦达分完后，有不合适的地方其他人可以建议调整。由年龄最小的先要，最后一堆是斯坦达的。有的地方则把大家的刀子收起来，由斯坦达扔在分成堆的猎获物上，谁的刀子扔在哪个堆上，那一堆猎物就归谁。后来，也有把猎获物卖后分钱的。如果打到野猪时，猪头应分给打死野猪的人，不能分给别人。一个猎民追逐的野兽，若被另一人打死，猎获物由两个人均分。猎到狐狸后，必须就地燃放草烟，在烟雾腾空期间赶到现场的人，均可参加平分猎物。”[②] 这种平均分配食物的习惯法在少数民族中是广泛存在的。在达斡尔族习惯法中，还可以发现另一个有特点的内容，“由年龄最小的先要，最后一堆是斯坦达的”，这是一种很朴素、又很深奥的规定。其实，很多习惯法中，都可以发现很有特点的内容，其中的一些内容至今仍具有借鉴意义。

关于食物的分享和礼物的赠与，马歇尔·萨林斯在其著作中辑录了很多资料。其中一个例子就是布须曼人的猎物分配。[③] 大型猎物被带到营地要分几拨。首先，猎物被猎人带到狩猎聚会上，并且按照射中猎物的箭进行分配。接下来进行的是猎物的第

---

① 高其才：《中国少数民族习惯法研究》，清华大学出版社2003年版，第24页。

② 高其才：《中国少数民族习惯法研究》，清华大学出版社2003年版，第118页。

③ 【美】马歇尔·萨林斯著，张经纬、郑少雄、张帆译：《石器时代经济学》，生活·读书·新知三联书店2009年版，第270—271页。

二次分配（严格意义上的互惠），就是近亲之间的分配。一个男人此时的首要义务，就是必须尽量把最好的肉送给他妻子的父母，同时，他还要给自己的父母、配偶和孩子分出一份（注：这些人各起炉灶，烹食肉类）。此时，他要为他自己留下一份。紧接着，第三轮分配开始了。猎人要从留给自己的那一份中拿出一部分分给在场的他的兄弟姐妹和他妻子的兄弟姐妹，以及其他在场的亲属、姻亲、朋友，最后自己剩下的可能已经很少了。分配并未结束，每一个收到肉的人还要再次将自己获得的肉再次分配出去，他（她）的父母、配偶的父母、配偶、子女、兄弟姐妹及其他人。给别人的肉可以是煮过的，而且量很少。来访者都会分到肉，不管他们是近亲或者姻亲。“在近亲范围以外分给别人的肉是一种个人情感的表示，这时人们考量到友谊，回报以往的恩惠，或其他想到的原因。但这种给予肯定更平衡：‘在后面几拨的分享中，当首要的分配和对主要亲属的义务都履行过之后，从自己的份额中分给别人的肉就有礼物馈赠的性质。昆人社会这时要求，一个人应该按照他曾经得到的数量相应地慷慨回赠，而他最后留给自己的绝不比别人多，同时收到肉的人必须在将来某个时刻给予回礼。’”[①] 笔者认为，在这则材料中，有两个信息是要引起关注的：一是肉的不断分配，几乎每个得到肉的人都要与自己的亲属分享，而且，随着一轮又一轮的分配，食物被分配到一个更广泛的亲属圈子。每个将肉分配出去的人，他在未来同样可以无条件的从他的亲属那里获得食物。另一点就是分肉给主要亲

① 【美】马歇尔·萨林斯著，张经纬、郑少雄、张帆译：《石器时代经济学》，生活·读书·新知三联书店 2009 年版，第 271 页。

属以外的人，这是要求回报的，这种回报是一种必须履行的义务。这就说明了这种食物的广泛分享，实际上是为了给自己在将来获得食物购买了一份保险。

在马歇尔·萨林斯的书中，还有许多类似的记载。在瓦肖印第安人中，“分享在瓦肖人社会的每层社会组织中都得以实现。分享随着亲属距离和居住距离的增加而减少。”① 塞芒人同样将自己获得的食物与他们的亲属分享，但是，营地中的非亲属通常只能获得极少的食物分配。

在许多部落中，首领都能够通过各种方式积累一定的财富。与此同时，他必须承担一定的义务，如救济生活困难的群众、甚至要为群众娶妻支付聘礼。如果一个首领特别吝啬，则会招致群众的反对，甚至引来杀身之祸。爱斯基摩人有时会杀死吝啬的富人。波斯纳认为，“在那些最简单的社会中，例如爱斯基摩人的社会中，交换的主要物品是保险，而富人拒绝与他人分享自己的剩余也就是拒绝从事这种交换。他实际上对该社会其他人几乎没有用，或确实没有用，因此杀了他，也就不像在发达社会可能出现的那样，会给其他人增加费用。”② 在新几内亚，帕尼埃人也曾发生同样的事情。“‘你不应是唯一的富人，我们本是一样的，因此你与我们平等’……这是帕尼埃人（Paniai）杀死 Madi 吝啬的首领 Mote Juwopiji 的理由。”③ 笔者认为，这实际

① 【美】马歇尔·萨林斯著，张经纬、郑少雄、张帆译：《石器时代经济学》，生活·读书·新知三联书店 2009 年版，第 273 页。

② 【美】理查德·A·波斯纳著，苏力译：《正义/司法的经济学》，中国政法大学出版社 2002 年版，第 162 页。

③ 【美】马歇尔·萨林斯著，张经纬、郑少雄、张帆译：《石器时代经济学》，生活·读书·新知三联书店 2009 年版，第 292 页。

上是说在一个生存是第一需要的初民社会中，任何人都必须要和周围的人分享他的剩余物资。否则，他不但不能给周围的人带来更多的保险，甚至可能给周围的人带来更大的生存威胁。因此，通过文化的熏陶，他们总是希望大家能够结成更大的保险共同体。

虽然各群体之间的分配原则不同，但是，这些材料显示出一个共同特征，那就是食物必须被分享。在部落习惯法中，这是一个规律。食物的分享背后，就是众人结成一个风险分摊的共同体，共同保障大家获得必须的生存资料。

二、共耕制与风险分摊

在本标题下，笔者将从风险分摊角度对共耕制进行分析。在第四章中，笔者曾就独龙族的土地所有制做过一些介绍，就讲到由家族公有共耕制向家族伙有共耕制的变迁。在家族伙有共耕制中，有一种多角共耕关系。其大致情况就是同一户可以加入一个以上的共耕组，这样便形成多角共耕关系。

其实，共耕制并不是独龙族所独有的。在云南的傈僳族、怒族中也存在共耕制。家族伙有共耕制是怒江傈僳族、怒族社会中普遍存在的一种土地所有制形式。“碧江、福贡、贡山 3 县伙有共耕土地约占总耕地面积的 25% 左右，参加共耕的农户约占农户的 50%，个别村寨高达 70%。”① “1 家农户可以同时加入 2 个以上共耕组，最多的可以同时加入 6 个组，这样便形成多角共耕关

① 张冠梓：《论法的成长——来自中国南方山地法律民族志的诠释》，社会科学文献出版社 2002 版，第 155 页。

系，这种多角共耕关系在一定程度上妨碍了生产的积极性。”① 这是共耕制的基本情况。

德姆塞茨从理论上说明了“所有社会的产权安排都会回应于技术、需求以及其他经济条件的变化而有效率地演进”。德姆塞茨的假说预测所有的土地制度都沿着费用最小化的方向演进。罗伯特·C·埃里克森表示，其本人“乐于接受这一坚实的假定，只不过将其范围限制在生发于交织紧密群体中的那些土地规则上”。“一个交织紧密的群体是这样一个社会实体，在其中，权利是广泛分散的而生活于其间的人们彼此之间会一直延续着一种面对面的交往互动关系。在这种群体里，人们需要参与非正式的社会控制以获得达成合作的各种信息和机会。”② 这也就是说，达成合作之前以及在合作过程中，参与者都能方便地了解到其他参与者的相关信息，以便保持有效率的合作。

罗伯特·C·埃里克森在《土地所有权》一文中主要想说明“土地的私人所有权能够降低集体决策费用和监督费用，而仅当利益相同并且/或者存在一个明确的控制权威的时候，土地的集体所有在长期内才是切实可行的”。③ 虽然如此，作者还是指出，“一个私有产权制度并不总是最好的。为了利用规模经济，以及

① 张冠梓：《论法的成长——来自中国南方山地法律民族志的诠释》，社会科学文献出版社 2002 版，第 156 页。

② 【美】罗伯特·C·埃里克森著，艾佳慧译：《土地所有权》，载【美】唐纳德·A·威特曼主编，苏力等译：《法律经济学文献精选》，法律出版社 2006 年版，第 432 页。

③ 【美】罗伯特·C·埃里克森著，艾佳慧译：《土地所有权》，载【美】唐纳德·A·威特曼主编，苏力等译：《法律经济学文献精选》，法律出版社 2006 年版，第 429 页。

可能为了分散风险，一个群体就有可能被吸引而逐渐转向对土地的集体管理。”① “我的效率准则预测在风险很高而且一个群体不能使用一种更好的保险机制的情况下，集体土地所有权将更为盛行。”② 这是埃里克森关于土地集体所有制的几个最重要的论述。在其中，笔者注意到几个关键词，它们分别是集体决策费用、监督费用、规模经济和风险。

集体决策费用，可能是大家聚集到一起讨论所浪费的时间，还可能包括为举行聚会而花费的其他成本。集体决策费用，可以纳入笔者第一章所言的“交易成本”分析体系之下。集体决策的成本通常都高于个人决策的成本。

监督费用，则是指集体劳动中很难对个体劳动能力、劳动积极性以及劳动成果进行个别评价，而私人所有制中则不存在这样的问题。这个问题实际上笔者已经在第三章关于独龙族土地所有制从家族公有共耕制向家族伙有共耕制发展的论述中讲到过。为了降低监督费用，缩小劳动共同体的范围是一个有效的办法。在单个家庭能够通过家庭劳动获得生活必需品之后，为了进一步降低监督费用，私有制就开始出现了。这实际上可以用来说明独龙族土地所有制从家族伙有共耕制向家庭私有制的发展。

规模经济，也是集体所有制的一个优点。笔者在第四章中已经就初民社会中集体劳动的规模效应问题作了较为详细的分析。

---

① 【美】罗伯特·C·埃里克森著，艾佳慧译：《土地所有权》，载【美】唐纳德·A·威特曼主编，苏力等译：《法律经济学文献精选》，法律出版社 2006 年版，第 460 页。

② 【美】罗伯特·C·埃里克森著，艾佳慧译：《土地所有权》，载【美】唐纳德·A·威特曼主编，苏力等译：《法律经济学文献精选》，法律出版社 2006 年版，第 460 页。

风险，仍然是关于初民社会的研究无法绕过的重要问题。埃里克森认为："一个唯一的土地所有者将为他的土地的损害、贬值或者生产不多承担全部的风险；相比而言，集体所有却能共同分担风险。由于大多数个人都是风险规避的，集体产权的这种分担特征就是有益的，在一定的情形下甚至是决定性的。"① 这实际上是说，初民社会中的个体为了规避风险、分摊风险，必然选择集体所有制。

家族伙有共耕制，其本身就有降低风险、分摊风险的功能。笔者认为，在简单的家族伙有共耕制中，主要是通过规模经济来分摊风险。多角共耕关系是在家族伙有共耕制基础上衍生出来的一种更完善的风险分摊机制。一个家庭可以加入多个共耕组当中，这样它就可以从多个共耕组中分得食物。即使一个共耕组的收成出现了问题，它仍然可以通过从其他共耕组获得食物来避免风险。这也可以清楚地表明，初民社会中的人是富有理性的。

多角共耕关系是一种设计更为精美的风险分摊机制。但是，它也存在着一些问题，其中最为突出的就是材料中所说的多角共耕关系影响了人们的生产积极性。也就是说，由于保险机制的完善，个体的劳动积极性出现了下降。虽然如此，我们从另一则材料中已经看到，家族伙有共耕制仍然是当地最主要的生产组织形式。这也说明，即使一项制度有种种弊端，但是，在大家都切实感受到生存压力的时候，如果没有生产力的发展，人们仍基于风险规避的理由，仍将不得不容忍旧制度的弊端。

---

① 【美】罗伯特·C·埃里克森著，艾佳慧译：《土地所有权》，载【美】唐纳德·A·威特曼主编，苏力等译：《法律经济学文献精选》，法律出版社 2006 年版，第 431 页。

三、招待过往路人与风险分摊

很多少数民族都有热情招待过往路人的习惯法。我们可能觉得，这是少数民族的风俗习惯，很多地方都这样。但是，我们从来没有想过，这也和风险分摊能扯上关系。赫哲族习惯法，“同是狩猎的人，在山中相遇，必请到自己住处吃一顿饭，再行离去。”① 这是猎人这一特殊群体在艰苦的狩猎环境中形成的互助机制。这种习惯，最先可能是在冬季的狩猎活动中形成的。在冬季，他们面对的是严酷的环境，还可能遭遇暴风雪的袭击。每个猎人都在同恶劣的自然环境作斗争，求得自己的生存。相同的自然环境与相似的生活，给了他们心理上的相互认同，每个人都可能在狩猎中遇到困境，需要别人的帮助。因此，在遇上别的猎队的猎人经过时，邀请对方到自己的帐篷里吃饭就是一个很友好的表示。这一行为经由时间上的从冬季延展到各狩猎季节，范围上由较少数人变为狩猎者的普遍行为时，习惯就已经确立，一种特定环境下的互助机制就形成了。

以上所说还只是民间习惯法，下面，我们来看一个法律条文。《西宁青海番夷成例》第 34 条“过往之人，不令歇宿者”条规定：“凡过往之人，如有不令歇宿，以致冻死者，抵赔外罚一九，未死者罚二岁牛；留宿被盗窃财富者，着落房主赔偿”。② 从该条的规定就可以看出当地自然条件之恶劣，条文的目的是为了防止过往之人因无处歇宿而被冻死。这就更好的说明，这种风险

① 本书编写组：《赫哲族简史》，黑龙江人民出版社 1984 年版，第 188 页。

② 张济民主编：《青海藏区部落习惯法资料集》，青海人民出版社 1993 年版，第 289 页。

有多大。有学者认为，“藏族习惯法中互相扶助的规定可以增强抵御自然灾害的能力。如浪加部落的‘运粪组’、‘修渠组’、‘耕种组’以及很多地区‘统一迁徙、统一行动’等规定在地广人稀、自然环境严酷的雪域高原，非常有利于互相协作，发挥集体的力量，共同对付自然灾害。”① 这些规定是与当地的自然条件相适应的。虽然所面临的困难不一样，但现实状况是一样的。如果大家不抱成团，不互相帮助，在严酷的自然环境面前，都将遭遇更大的生存压力。

这种招待路人的习惯法与他们所处的自然环境有密切关系。其目的，还是在于相互帮助、分散风险。只有这样，大家才能有一个更加安全的生产生活环境。当我们以今天的视角来看的时候，我们可能觉得很陌生了。那是因为现代人已经基本上变成了定居者，我们很少再独自到一个陌生的地方。出门在外也有了更完善的条件支持，我们有更便捷的交通工具，吃饭住宿都有了社会化的服务场所，包括饭店、宾馆等。因此，出门在外所面临的风险已经被社会角色承担了。但是，我们不应该忘记，曾经确实有一种状态，叫“出门一日难”。

第二节 刑事习惯法中的风险分摊

一、集体责任与风险分摊

在第三章中已经就藏族“赔命价”的承担问题做了一定的论

① 吕志祥：《藏族习惯法：传统与转型》，民族出版社2007年版，第75页。

述，其中就讲到藏族的“赔命价”通常是由致害人的核心家庭和亲属共同负担的；并且讲到这是由于单个家庭无法支付赔命价这么沉重的债务，因此，必须由一个更大的亲属共同体共同承担。在民族习惯法中，我们经常可以看到一个人犯了罪以后，对他的惩罚是由他的近亲属，甚至整个家族一起承担责任的。这也是一种风险分摊形式，使得个人不至由于无法支付赔偿而引起新的纠纷。

贵州台江县苗族地区，“初犯的偷盗者若果真无力退赃，其家族就有共同承担的义务”。① 在许多民族中，“负债人还不了或还不清债务，由其父亲、兄弟代还。佤族更甚，同姓的人有义务代为偿还”。②

云南“佤族习惯法对偶尔偷窃而偷的东西又不多者，由偷窃者如数或加倍赔还，并泡酒赔礼。如偷窃者无礼偿还，则由其氏族共同负责赔偿。偷者或其同氏族拒不还时，被偷者有权拉偷者或同氏族的小孩、牛或其他东西。到外村偷窃，被偷者可到偷窃者的村社拉任何人的牛，然后再由被拉的牛主向偷窃者或其氏族索还。”③

贵州黔东南州的瑶族社会中，有一种叫播冬的组织，即由一个共同血缘祖先传袭繁衍下来的血亲集团。同一播冬的人使用同一姓氏，居住同一村寨，或寨中同一范围，或同一排长屋内。

---

① 张冠梓：《论法的成长——来自中国南方山地法律民族志的诠释》，社会科学文献出版社 2002 版，第 190 页。

② 张冠梓：《论法的成长——来自中国南方山地法律民族志的诠释》，社会科学文献出版社 2002 版，第 244 页。

③ 张冠梓：《论法的成长——来自中国南方山地法律民族志的诠释》，社会科学文献出版社 2002 版，第 267 页。

“播冬成员初犯石牌法规，被罚‘赔西’的费用也全由播冬共同承担。”①

彝族“赔偿命金，以白银计价，可用银子支付，以可用牲畜等财物折价赔偿。被告当事人赔偿命金，是由其本氏族全体成员人均凑钱物赔偿，其本人及其家庭，也只赔一份。接受赔偿者，即受害人及其本氏族成员，人均分一份。”②

青海藏族地区，“部落之间出了命案，凶手没有能力赔偿命价，则本部落摊派赔偿；部落内部发生了命案，凶手无力赔偿命价，则亲属协助赔偿”。③

上述材料所描述的第一个规则就是亲属、家族共同承担对某个犯罪者的惩罚。笔者认为，这是一种分摊风险的制度设计。在第三章中已经讲到，赔偿（尤其是命价）的标准通常都很高，往往超出单个家庭的承受能力。因此，必须要有人来分担，才能全部支付给受害人家庭以取得纠纷的和平解决。

大卫·D·弗里德曼认为：“被告人因经济原因无法履行金钱判决的问题可以通过一系列方法解决。一种是通过非正式的信用制度，一个被定罪的行为人可能会从亲戚、朋友那里得到罚金，双方都心照不宣的交换是他在奖励为他们提供服务。”④ 也就是

① 张冠梓：《论法的成长——来自中国南方山地法律民族志的诠释》，社会科学文献出版社2002版，第178页。

② 海乃拉莫、曲木约质、刘尧汉编著：《凉山彝族习惯法案例集成》，云南人民出版社1998年版，第25页。

③ 张济民主编：《青海藏区部落习惯法资料集》，青海人民出版社1993年版，第51页。

④ 【美】大卫·D·弗里德曼著，杨欣欣译：《经济学语境下的法律规则》，法律出版社2004年版，第323页。

说，这种共同责任，分摊的不仅是本次赔偿的风险，它还顺便分摊了未来可能发生的风险。

其实，除了上述的风险分摊之外，这种集体责任还有另外一方面的原因，那就是保护己方共同体的实力。这在第三章中也讲到过，任何个人都是其所属团体的财富。在己方成员犯罪时，如果不替他分担责任，则他很可能被对方杀害，而这对本团体而言是一个重大损失。因此，为了保存更大的利益，而由集体共同承担他的犯罪后果在经济学上来讲是一个有效率的结果。

二、风险纠正

本标题想要说明的就是，如果一个人成为惯犯，老是给自己的家族带来损失的话，那么，其家族可以对他进行处罚，甚至将其开除出家族，或者处以死刑，以从根本上防止他再给大家带来损失。

贵州台江县苗族地区，“如偷盗者屡犯不改，至第三次时，家族便以 7 两 7 钱银子请被盗家族吃酒，当众宣布将盗犯开除家族，听凭失主处理，与家族无关，称为‘洗身’。”①

云南西盟佤族地区，“屡教不改的惯窃往往被处死，有的被父亲兄弟打死，有的被同姓人处死，有的在公众拥护下由头人开会研究处死。”② 其原因在上一个标题中也讲到过，按照佤族习惯法规定，“如果偷者偿还不起所偷之物，其近亲和同姓人有代为

① 张冠梓：《论法的成长——来自中国南方山地法律民族志的诠释》，社会科学文献出版社 2002 版，第 190 页。

② 张冠梓：《论法的成长——来自中国南方山地法律民族志的诠释》，社会科学文献出版社 2002 版，第 267 页。

偿还的义务，并且失者可以抄偷者近亲和同姓人的家，拉他们的牛。近亲或同姓人，因怕连累，又教育无效，便常把偷者处死。”[①] 在云南西盟佤族岳宋、班帅、芒杏三寨，1950—1954 年因偷盗被处死者达 19 人。芒杏寨艾三是惯偷，偷的东西较多。其同姓人艾帅怕负赔偿责任，便将他抓起来，强令他服毒自杀。马散寨的艾逊曾 7 次偷盗，赃物有半开 200 多元、鸦片 40 两、水牛 3 头。他的兄弟问清他偷的数量和所偷之家，便把他打死了。所偷之物，其兄弟代为偿还失主。

四川凉山彝族地区，也有将屡教不改的犯罪者处死的习惯法。[②] 1890 年夏天，今美姑县甲谷区，当地的马氏族就由德古讨论决定，由于马子坡经“多次教育，无悔改表现”，“留下他后患无穷”，决定将他处死。

在本文第三章中曾引用过这样一段话，“无目标的复仇实较有目标的辨别的复仇为原始。他认为人类智力的发展使人们渐渐发觉遏制为非作恶最好的办法是对作恶者予以惩罚，于是复仇由第一期进到第二期。”[③] 波斯纳在论述初民社会的集体责任时指出：“杀人者的任何亲属都是受害人之亲属因受害人之死而进行复仇的公道对象，或者，在社会发展的后来阶段，如果杀人者没有付清他应当支付的赔偿，杀人者的亲属就要对受害人的亲属集体负责，这一事实使亲属们有一种激励来监管这个杀人者的行

① 张冠梓：《论法的成长——来自中国南方山地法律民族志的诠释》，社会科学文献出版社 2002 版，第 75—76 页。

② 参见海乃拉莫、曲木约质、刘尧汉编著：《凉山彝族习惯法案例集成》，云南人民出版社 1998 年版，第 125 页。

③ 转引自瞿同祖：《中国法律与中国社会》，中华书局 2003 年版，第 75 页。

为。亲属们也许会决定自己来杀死他，以避免自己的危险。他们也还有一种利益清除自己当中的潜在杀人者，以避免加入他们包庇了某个杀人者可能招致的报复或赔偿费用。”① 这说明一个问题，不管在复仇阶段，还是赔偿阶段，致害人的亲属和族人总是和他绑在一起。当一个致害人及其亲属不能或不愿支付赔偿，而企图包庇的话，那么他们所有人的生命和财产都将面临危险。

在初民社会中，责任是集体的。个人犯罪行为的责任将由其亲属、家族共同承担。诚如上一个小标题所言，集体责任是一种分摊风险的制度设计。每一次个人犯罪，都是集体内所有成员财富损失的过程。共同责任的潜台词就是每个集体成员都应当尽量避免给集体财富带来损害。如果一个人是惯犯，那么就意味着集体成员必须经常为他的错误承担责任，损耗财富。当众人都预期他给集体财富、集体安全所作的贡献远远低于他给集体带来的财富损失时，他就将面临被众人从这一合同中踢出去的命运。也就是说，惯犯对集体而言是一个更大的风险。上述处死马子坡一案中，德古们所说的“留下他后患无穷”就是指他很可能会为其家支带来更严重的损失。佤族习惯法中的“怕被连累”则是更为直接的表述。

集体责任制的一个内在要求是共同体通过较强的内部控制力和文化熏陶，从而减少争斗，尽量降低犯罪率。惯犯就是这种社会制度的重大威胁。因此，如果不能改变制度，就只有将惯犯排除出这个共同体。排除的方法，可以是处死惯犯，也可以是将其

① 【美】理查德·A·波斯纳著，苏力译：《正义/司法的经济学》，中国政法大学出版社 2002 年版，第 200—201 页。

开除族籍。不管是苗族的开除出家族，还是直接处死，其实际效果几乎相同。因为在初民社会中，任何个人离开家族组织就将如同丧家之犬，命运凄惨。

三、从集体责任到个体责任

从集体责任到个体责任，只是对“从身份到契约”的另一种表述而已。“从身份到契约”是梅因的名著《古代法》中最为我国读者熟悉的一句话。梅因说：“可以说，所有进步社会的运动，到此处为止，是一个‘从身份到契约’的运动。”① 更详细的表述应该是“所有进步社会的运动在有一点上是一致的。在运动发展的过程中，其特点是家族依附的逐步消灭以及代之而起的个人义务的增长。‘个人’不断地代替了‘家族’，成为民事法律所考虑的单位。”②“在社会的幼年时代中，发现有这样一个永远显著的特点。人们不是被视为一个个人而是始终被视为一个特定团体的成员。每一个人首先是一个公民，然后，既是一个公民，他必是阶级中的一个成员……其次，他是一个氏族、大氏族或部落的成员；最后，他是一个家族的成员……他绝不把他自己看成为一个个别的个人。”③ 关于原始社会，梅因还就其法律特点做了进一步的论述：

首要的一点是在原始社会组织中，“个人并不为其自己设定任何权利，也不为自己设定任何义务。他所应遵循的规定，首先来自他所出生的场所，其次来自他作为其中成员的户主所给他的

① 【英】梅因著，李祖荫译：《古代法》，商务印书馆 1959 年版，第 97 页。
② 【英】梅因著，李祖荫译：《古代法》，商务印书馆 1959 年版，第 96 页。
③ 【英】梅因著，李祖荫译：《古代法》，商务印书馆 1959 年版，第 105 页。

强行命令。”① 其次，财产权利和身份权利的高度重叠。在古罗马，遗嘱一开始“并不是分配死亡者财产的一种方式，而是把家族代表权移转给一个新族长的许多方法中的一种”。② 财产权利只是随身份权利一起转移了，无需特别说明。最后，就是“个人道德的升降往往和个人所隶属集团的优缺点混淆在一起，或处于比较次要的地位”。“如果共同体有了罪过，它的罪恶大于其成员所犯罪的总和；这个罪是一个团体行为，其后果所及，要比实际参与犯罪行为的人多得多。如果，反过来，个人是显然有罪的，那他的子女、他的亲属、他的族人或他的同胞就都要和他一起受罚，有时甚至代替他受罚。”③

看到这些表述，我们或许会觉得陌生。但是，只要我们想想我们自己的文化中曾经存在或至今仍然存在的一些内容，就不会再觉得那么陌生了。关于个人权利和义务的设定，我们可以想想柏拉图在其《理想国》中所设想的社会等级划分，各等级世袭其职业。或者想想传统藏族、彝族社会中的等级划分，各等级都有其主要职责，任何个人都很难超出制度给他划定的活动范围。关于财产权利和身份权利的高度重叠，我们可以想想我们历史中的皇位、王位、土司等身份的继承情况。我们可曾在历史资料中看到有哪位继承者单独提出财产问题的？财产权利的继承是身份继承的自然结果，谁继承了身份，谁就自然的继承了被继承人的大部分财产。财产权利的继承，从来都无需单独提出。关于个人道德和集团道德的高度相关性，我想大家最熟悉的一句话莫过于孔

① 【英】梅因著，李祖荫译：《古代法》，商务印书馆 1959 年版，第 176 页。
② 【英】梅因著，李祖荫译：《古代法》，商务印书馆 1959 年版，第 111 页。
③ 【英】梅因著，李祖荫译：《古代法》，商务印书馆 1959 年版，第 73 页。

子所说的“君子寓于义，小人寓于利”了。一个人的出身就代表着他的道德水平。一个人出生于高贵的家庭，则他的道德水平自然是高尚的；一个人若出生卑微，则其道德水平自然也就卑微。即使偶有例外，那也只是特例，并不能改变人们在传统思维方式当中的“预设”。

笔者认为，梅因所说的“身份”，就是说每个人一出生就有其所属的特定集体，个人的权利义务都已经由其所属的集体设定好，个人在其中是缺乏主动性的。梅因所说的“个人”，就是现代民法中所说的“意思自治”的个人。

有学者认为：“具有上述特点的古代法不会向后人贡献一部像样的民法，因为，它所代表的那种社会关系极大的阻碍了民事法律关系的发展。”① 对此，笔者不能赞同。笔者认为，从马克思唯物主义角度来看，决定经济发展的是生产力；生产力决定生产关系；法律制度作为上层建筑，是生产关系的反映。贡献一部民法，是生产力发展推动的结果。即使新的制度会对之前的制度有一种路径上的依赖，但不能将其归为主要责任。

在很多少数民族习惯法中，我们都可以看到这样一个特征：两个氏族之间、两个家族之间或两个部落之间的纠纷，通常都要由双方的“负责人”协商解决。时至今日，“在凉山彝区的纠纷中，个体矛盾只是案件的前奏，凡进入调解程序的案件，接受调解的双方必然以‘家支’为单位，个体没有以私人身份参与纠纷的独立人格和‘主体资格’。只有当个体矛盾上升为‘家支’之

---

① 梁治平：《从身份到契约：社会关系的革命——读梅因〈古代法〉有感》，载《读书》，1986年第6期。

间的矛盾时，一个严格意义上的‘纠纷’才正式产生。由于家支才是‘诉讼’的单位，人们在描述一场纷争时，通常说‘哪家和哪家发生了纠纷’，而不是‘某人与某人发生了纠纷’。”① 笔者认为，凉山彝族至今遗存的集体责任制与彝族的家支制度、文化特征有很大关系，而不再是集体所有制所能解释的问题。

笔者认为，集体责任制的产生是由原始社会的集体所有制决定的。集体责任制的产生是与当时的生产力相适应的，在当时而言是一种进步的社会制度。但是，它产生以后的发展过程，则不一定与集体所有制有密切关系。它们都是初民社会中的人在当时的条件下所能创造出来的最好办法。集体责任制与食物分享一样，都有着重要的分摊风险的意义。

本章最后要说的就是，如果以“从身份到契约”的社会发展线索来看，则我国的法治发展道路还将很漫长，尤其是在少数民族地区，集体责任制仍然是一种较为普遍的分担风险的法律形式。

相对应的就是，在现代社会，法律责任都是个人责任，而不再是集体责任。这才是“从身份到契约”的真正含义。对于这一问题，可能主要是由以下几个方面的原因造成的：一，致害人有了更强的责任承担能力。随着社会经济的发展，个人财产在逐步增加，个人承担法律责任的能力增强了。在大多数情况下，个人都能承担起相应的法律责任，集体承担已经不是必须的了。二，受害人方面要求赔偿的愿望降低了。随着思想观念的转变以及个

① 李剑：《论凉山彝族的纠纷解决》，中央民族大学博士学位论文，2010 年 3 月，第 60 页。

人财富的增长，获得赔偿已经不是受害人方面最大的愿望，他们更希望致害人受到应有的惩罚。三，思想观念的变化。现代社会最为重视的就是产权，或者说所有权。集体责任与私有财产权是激烈冲突的。私有权不能容忍自己的私人财产被他人处分。这种观念的转变在很大程度上是占主导地位的。换句话说，在某些情况下，致害人不能以个人财产承担法律责任，也不能通过判决以他的亲属、族人的财产来承担赔偿责任。相对于个体的真实责任承担能力而言，基于私有权而产生的个体责任观念占据着主导地位。因此，现代社会选择了个人责任，而不再是集体责任了。

第六章　民族习惯法中的“有限”因素

在之前的论述中，笔者努力发掘各种隐藏在习惯法中的经济理性，这是本文的主要目的。事实上，文章在一定程度上达到了这一目标。但是，我们都会有这样一种疑问，难道每个人每时每刻都在追求自己利益的最大化吗？那是真实的情况吗？或者，我们自己的经验就可以给出一个明确的答案：不是那样的。法律经济学中的行为法律经济学流派也持这种观点，并由此展开他们的研究。

行为法律经济学是行为经济学与法律经济学相结合的产物，其理论基础主要是行为经济学。“行为经济学认为，传统经济学半个世纪以来，一直将经济理论建立在一种高高在上的假设之上，即人的行为准则是理性的、不动感情的自我利益，经济学是‘没有’道德的科学。现在，经济学应该而且必须承认，人也有生性活泼的一面，人性中也有情感的、非理性的、观念导引的成分。”[①]“与传统经济学理论不同，行为经济学质疑理性选择理论中的理性预期、效用最大化、稳定偏好、拥有充分的信息处理能力等理论假设，并提出反映人类真实行为的有限理性、有限意

---

① 戴志勇：《行为经济学原理》，北京大学出版社2006年版，第5页。

志、有限自利等主张。”[①] 这三个“有限”，正是行为经济学最重要的理论基础。有学者将这称为“经济人和真实的人”[②] 之间的区别，认为传统经济学过度追求简约，使得其理论缺乏包容性，并因此导致其预测能力受到严重损害。传统经济学的假设是“经济人”，而行为经济学则试图发现“真实的人”是如何确定其行为原则的。

实际上，行为经济学就是要将人置于更复杂的真实的生活环境中去分析他们的行为。也正是这种区别，使行为法律经济学者有了更强的自信，“行为法律经济学和传统法律经济学的区别，不只是它们对人类行为的假定。在可检验方面，它们对法律（以及其他力量）怎样影响行为所作的预测也有不同。我们认为，行为法律经济学是一种具有更高相关系数‘R2’的法律经济学，对观察到的数据有更强的解释力。”[③] 这实际上是说，行为法律经济学者认为他们的解释更符合现实生活中的真实情况。

第一节 民族习惯法中的有限理性

一、有限理性理论概述

“理性选择理论认为行为人内在地具有最大化追求目标的动

① 周林彬、董淳锷：《法律经济学》，湖南人民出版社 2008 年版，第 360 页。

② 【美】凯斯·R·桑斯坦主编，徐永前、成凡、康娜译：《行为法律经济学》，北京大学出版社 2006 年版，第 16 页。

③ 【美】凯斯·R·桑斯坦主编，徐永前、成凡、康娜译：《行为法律经济学》，北京大学出版社 2006 年版，第 19 页。

机，具有充分的计算能力和良好的记忆能力，比较各种可能的行动方案及相应产出并从中选择最大化效用的行动方案，但是行为经济学表明在许多情况下，行为人并不能实现最大化，甚至也不是追求最大化，不是根据成本与收益比较，而是根据其他的依据进行决策。”① 这段话没有指出的是，行为人有时候只是“有限理性”的。

第一位从事心理学和经济学边缘研究的社会学家是赫伯特·西蒙。1974 年，西蒙提出了“有限理性”，认为“不应该把人作为理性最大化者，而应该作为满意者。他们并不总选择最好的行为过程，而是做出仅仅足够好的选择”。② “其他经济学家也提出，人仅仅是‘接近理性’，或者他们表现出‘有限理性’。”③ 因为“在现实生活中，由于资源与信息是有限的，人们只能在不完全的信息或分析的基础上做出决策。追求完全的利润或效用最大化要花太多的时间。消费者不可能将一天的时间都花在寻找一颗最便宜的莴苣上；一家企业也不可能花几百万美元去雇佣经济计量学家，来研究成千种产品各自的价格弹性”。④ 这也就是说，人们总是寻找一种能相对“满意”的方案，而不一定总是寻找“最优”的方案。这是行为经济学最重要的理论依据之一。

---

① 魏建：《行为经济学与行为法经济学：一个简单介绍》，《制度经济学研究》，2003 年第 2 期。

② 【美】曼昆著，梁小民译：《经济学原理》，机械工业出版社 2003 年版，下册第 86 页。

③ 【美】曼昆著，梁小民译：《经济学原理》，机械工业出版社 2003 年版，下册第 86 页。

④ 【美】保罗·萨缪尔森、威廉·诺德豪斯著，萧琛主译：《经济学》，人民邮电出版社 2008 年版，第 168 页。

人们并不能总是做到理性选择，因为“我们的计算能力是有限的，并且记忆能力也存在严重瑕疵。人们对这些缺陷能够作出敏感的反应，可以说人们对他们自己的认知界限有时会作出理性的回应，以便最小化决策成本和错误成本的总量。”① 具体而言，人们要面对的困难主要有两个：一是现实世界中存在着行为人不能克服的困难；二是行为人的心理认知在一些因素的影响下产生了偏离成本与收益计算的趋势。

具体而言，现实世界中存在着行为人不能克服的困难又可以分为两种情况：一是现实中的困难。如信息过于复杂，人们无法选择出最佳选项；又比如意义模糊，事物的意义含糊不清，无法进行成本—收益分析。二是启示与偏见。启示是指直接影响行为人决策的、行为人具有的、关于事件发生概率的片段性认识，如现成性启示。偏见是指行为人的概率判断出现偏差的、行为人具有的认知特性，如过于自信的偏见。

二、民族习惯法中的有限理性

（一）案件基本情况

原告甲向村委会申请调解，要求被告乙归还占用的一块土地。甲于正月十七日晚回到家，发现乙在自己耕种多年的一块地上种上了花椒树。十八日早晨，乙又在路上无故拦住甲，并先打了甲两耳光，两人厮打起来。经甲的丈夫丙劝解才拉开。甲申请调解，要求乙归还占用的土地。乙在调查中出示了一份 1952 年

① 【美】凯斯·R·桑斯坦主编，徐永前、成凡、康娜译：《行为法律经济学》，北京大学出版社 2006 年版，第 17 页。

的土地凭证。此案经村委会调解未达成协议，于是上交乡司法所调解。

经过司法所的调解，双方达成如下协议：（1）调换范围：甲再拿一块小地出来与乙的一大块整地互换，乙称6斤大米给甲；（2）调换面积：两家用于调换的地的面积基本相当，不用丈量；（3）调换时间：2005年底土豆收完之后；（4）违约责任：任何一方违反需向对方支付违约金500元。①

（二）案情分析

这一案件引起了笔者的注意。主要是基于这样几个疑问：第一，为什么甲会同意最终调换土地？第二，为什么在调解协议中，对于乙先动手打人的事情没有涉及？第三，这种调解协议的内容是如何达成的？

通过和乡司法所席所长的交谈，笔者了解到这样一个“内幕”：乙想在占用的土地上盖个小房子做小卖部；甲所得到的那块地比她所拿出来的两块地的面积之和还要大一些，而且是熟地，而之前被乙占用的那块地并不好。

于是，笔者推测其中的逻辑：乙占用甲的土地并不是为了、或者说主要不是为了种花椒树，而是为了将来在那块地上盖个房子做小卖部，因此，她才愿意拿一块面积更大、土质更好的地来和甲做交换。甲则由于被占用的那块地土质并不好，因此，她在

① 该案资料来源于云南省楚雄彝族自治州大姚县的某镇司法所。2009年，笔者曾获得教育部与国家自然科学基金委员会主办的“民族学和人类学研修与田野调查全国研究生暑期学校”的项目资助，在云南大学进行为期10天的理论学习后，赴大姚县进行了为期10天的田野调查。笔者在该镇司法所里获得了一些基层调解的案卷资料，本案是其中之一。

看到能够得到一块面积更大、土质更好的地时愿意接受这样一种交换。这是整个调解协议的核心内容。因为有了这样一个基础，调解协议才可能达成。甲得到了实际利益，所以后来她对于乙先动手打人的事情也就不再提了。这时候，司法所基于两方面的考虑：一方面是双方当事人的意愿，双方已经取得了共识的基础；另一方面就是花椒树已经开始生根了，拔掉确实可惜。因为花椒树在当地也是重要的经济作物之一。基于这两点理由，司法所觉得这样的调解结果也还不错。于是，调解协议的主体内容就有了。就这样，参与各方都可以接受调解的协议产生了。

那么，笔者就有另一个疑问了：对于乙想在占用的那块地上盖个小房子做小卖部的想法甲是否知道？或者说，司法所在了解到这个情况后，有没有将它告诉甲？如果没有，为什么？

根据笔者的访谈，席所长表示他们并没有将乙的这一想法告诉甲。那么这又是为什么呢？席所长是这样表述的：首先从处理结果来看，双方都是有好处的。甲得到了一块更大、更好的地；乙的花椒树也能保住了，也许她还可以盖个小卖部在那里。虽然乙存了点私心，但是并没有给甲造成更大的损害。其次，调解案件最重要的是化解矛盾。只要不违反法律的强制规定，双方当事人愿意接受的调解结果就是正确的。

如果用法律经济学的观点来分析：被占用的那块地对于甲来讲是劣质产品，因为她只想拿它来种庄稼，而在那块地上种庄稼的收益并不好。因此，她愿意得到一块更大、更好的地。虽然一开始是被人欺骗了，但是，能得到实际的利益也是一个不错的选择。同样一块地，对乙来讲是优质产品，因为她想将来在那块地上盖个小房子做小卖部。因此，她愿意拿出一块更大、更好的地来与甲交换。因此，在各取所需的前提下，双方达成了调解协议。从性质上来看，本案应该属于侵权案件。然而，以法律经济学的观点看它的处理结果，这是一“双赢”的结果，达到了利益的最大化。也就是说，通过侵权达到了效益的最大化。通过这样的分析，我们发现司法所工作人员虽然不懂得经济学的专业术语，但是他们的选择是简单而实用的，是符合经济理性的。当然，我们是不是可以笼统地说在有利可图的情况下，我们可以通过侵权来实现呢？这需要放在一个更广泛的环境中去讨论的问题。我们不能因为这一个例来无限扩展。

我们接着来看调解协议中的其他两个信息：(1) 乙称6斤大米给甲。这作何解释？(2) 为什么规定到年底收完土地之后再调换土地？

笔者认为可以这样解释：首先，乙称6斤大米给甲肯定不是为了弥补土地调换带来的收成上的损失。6斤大米值几块钱大家都知道，不可能是用它来弥补甲的这块地一年的收成的。通过了解，这是因为当地人认为6是个吉利的数字。这样的话，对此就可以这样理解：乙称6斤大米给甲是为了表示道歉，也是表示祝福。但是，是为了对私自占用了甲的土地表示道歉，还是对打了甲表示道歉？我们这就无从知晓了。在乙的内心里，是不是真的向甲表示祝福了？我们也无从知晓。但是，在外人看来，甲的面子是得到了一定程度的补偿。因此，可以这么说，甲得到了一块更大、更好的土地是一种实际利益，是她愿意接受土地调换的基础；而这6斤大米则是为了修复甲受损的面子，是一种荣誉的补偿。虽然这无法从调解协议的内容中体现出来，但是放在这样一个具体的环境中，笔者以为可以这样去理解。其次，为什么规定年底收完土豆后再调换土地？这又是一个经济因素的考虑。因为在当地土豆是重要的粮食作物之一。在年底收完土豆后再调换土地是最具有可操作性的选择。这是由当地的实际生活所决定的。如果用学术的话语来表示，这应该属于"地方性知识"。

（三）信息不对称

信息不对称是经济学中的一个较新的概念，是对传统经济学中的完全信息的修正。本案的处理过程就隐藏着一个信息不对称的问题。也就是在上文中说到的，司法所的工作人员并没有把乙想在那块地上建一个小卖部的想法告诉甲。

"在现实生活中，由于资源与信息是有限的，人们只能在不完全的信息或分析的基础上做出决策。"① 这是信息经济学的主要关注点。"新古典经济学的信息结构是完全信息假设，其基本内容包括：信息是完全的，是一种公共产品，无成本，但有效；市场价格充分反映信息，并显示供求状况的完全信息；消费者和厂商掌握双方所需要的全部信息。"② 但实际上，信息的发现、使用和传递都是有成本的。"不对称信息经济学认为，信息不对称造成市场交易双方的利益失衡，占有信息的人凭借其优势在交易中获得信息租金，影响社会公平、公正的原则以及市场配置资源的效率。"③ 简单来说，就是信息影响决策。

---

① 【美】保罗·萨缪尔森、威廉·诺德豪斯著，萧琛主译：《经济学》，人民邮电出版社 2008 年版，第 168 页。

② 黄炳坤：《信息经济学应成为信息经济时代的主流经济学》，载《华南师范大学学报》（社会科学版），2007 年第 4 期。

③ 梁怡：《不对称信息经济学：从奈特到阿罗》，载《上海证券报》，2007 年 9 月 3 日第 7 版。

在本案的调解过程在，我们发现，由于调解人员的价值判断，他们有意向甲过滤到了这个重要信息。而且，他们有一个很好的理由：花椒树也是当地重要的经济作物，我们也应该维护当事人的利益，即使她是被告。当然，也许还有一个原因是调解人没有说出来的，那就是他们希望能够尽量达成调解协议，这将直接影响年终报告中的指标。即便如此，这也是无可非议的。

在这里，笔者想说的是，如果甲知道乙想在那块地上建一个小卖部的话，也许她是不会同意这样的处理结果的。她是在缺乏完全信息的情况下同意调解结果的，这也是行为经济学所强调的内容之一。也许，即使她知道甲的意图，仍然会同意这样的调解结果。但是，这对她而言有着重要的区别。

在现代社会里，我们必须尽量做到信息透明，尤其是司法人员不能主动隐瞒信息。信息不对称的条件下达成的协议是有严重缺陷的，特别是因此导致案件处理结果有失公正的话。司法人员的这种过滤信息的做法，也是很值得商榷的。

第二节　民族习惯法中的有限意志

一、有限意志理论概述

“理性选择理论认为行为人对自己效用函数有清醒的认识，并能控制自己的效用函数使之符合最大化的要求，行为人具有完全的意志能力。但是行为人的效用不一定都是社会所认可和激励的效用，甚至与行为人自身的整体、长期效用最大化也是有所区别的。”[①] 比如抽烟喝酒是你现在喜欢的，但长期而言对你的身体是不利的。但是，就算明知如此，你还会继续抽烟喝酒，因为你的感情战胜了理性。行为人的有限意志主要表现在以下几个方面：

第一，习惯、传统、嗜好。“习惯、传统、嗜好体现的是过去行为对当前行为选择的影响。习惯重复了过去的行为，但并不代表着被重复实施的行为就是最有效率的行为；对传统的维护更多的是与‘现状偏见’联系在一起的，行为人坚持了与当前的效用水平一致的选择；嗜好则是行为人在过去的实践中体验到的能使其感到快乐的行为，尽管在很多情况下不良嗜好会带来降低行为人效用水平的后果（如吸烟），但行为人多坚持满足自己的嗜好。”[②]

第二，生理欲望。“生理欲望如饥饿、干渴、性欲、睡眠、疼痛等都是人类本性所产生的欲望，它们不同于从过去行为中建立起来的欲望，但同样可以使行为人丧失对个人效用的控制。如饥饿使减肥者过量进食，尽管她对苗条身材的渴望超过了吃饭。一个疲劳的卡车司机尽管清楚打瞌睡的危险，但还是经常发生因打瞌睡而致的交通事故。实验也表明，一旦行为人为一种生理欲望所控制时，行为的选择常常是实现欲望。”[③]

第三，多重自我。“每一个行为人在任何给定时间都可能不具有一个理性选择理论所限定的单一的、内在一致的偏好集合，更多情形是，行为人同时具有许多相互竞争的偏好。这就使行为

---

① 魏建：《行为经济学与行为法经济学：一个简单介绍》，载《制度经济学研究》，2003 年第 2 期。

②③ 戴志勇：《行为经济学原理》，北京大学出版社 2006 年版，第 119 页。

人面临着一个多重偏好的‘集体行动’问题。多重自我问题在跨时期决策上有着充分的体现，未来本位的自我将和现在本位的自我产生冲突。吸烟当前的享受与未来的健康受损冲突，年轻时过度消费的快乐和老年时衣食无忧的安逸冲突。其实任何一个决策都面临着多重自我问题，如何使它们统一起来并没有一个有效的办法。一般认为个人的天生禀赋、经历、年龄、教育等能起到一定的作用。法律也可以通过鼓励所希望偏好和抑制所不希望的偏好，来发挥一定作用。”①

萨林斯说：“斐济人有着自己的传统经济术语，但未被我们的经济科学承认。他们的经济术语包括‘酋长’（贡物的接受者和礼物的分派人）、‘姐妹的儿子’（享受特权的亲属）、‘亲戚心肠好’（几近命令式的物质索取）、‘船家’（专事打鱼和航海的氏族）、‘鲸齿’（至尊宝物）、‘边界联盟’（礼物契约）、‘战神’（铺张敬献的对象）等等。这些才是斐济人驰名遐迩的生产关系、分配关系、消费关系，这些关系组织了对自然的开发，并根据人的意义价值以及他们存在的目的来提供社会供给。斐济人通过这种文化实践，因地制宜，对当地开发产生了具体的效果。”② 当我们将“习惯”、“传统”等因素纳入法律经济学的研究中来的时候，我们就是在试图探索他们“自己的传统经济术语”。我们会发现，在很多情况下，“习惯”、“传统”因素仍然是民族习惯法中很重要的部分。

---

① 魏建：《行为经济学与行为法经济学：一个简单介绍》，载《制度经济学研究》，2003 年第 2 期。

② 【美】马歇尔·萨林斯著，张经纬、郑少雄、张帆译：《石器时代经济学》，生活·读书·新知三联书店 2009 年版，新版前言第 3 页。

二、曼刚寨土地平整中的“传统”因素

（一）土地平整基本情况介绍

曼刚寨地处勐海县勐遮镇的河流冲积平地，土地肥沃，灌溉便利。一直以来，曼刚寨都是当地生活条件较好的村寨之一。即便如此，当地在一定程度上也存在人、地关系紧张问题。深入学习科学发展观，开展社会主义新农村建设以来，当地就结合国家政策，开展了“土地平整”工作，以求缓解人地矛盾。曼刚寨现在在行政归属上隶属于勐遮镇曼恩村委会。根据曼恩村委会的规划，曼刚寨被列入土地平整工作第三阶段，也就是2009年秋收完成后开展。①

“土地平整”工作只是大家对这一工程的惯称，它的正式名称应该是“农业综合整治项目”。为了写作方便，也符合大家的称呼习惯，我们在本书中还是称之为“土地平整”工作。土地平整的含义就是将以前各家分散耕种的承包地、自耕地（仅指水田）全部回收，经平整后再按照现有人口平均分配，让每家的土地能连成片进行种植。曼恩村的土地平整工作，在当地被认为是一个创新。因最先在曼恩村委会下的曼杭混自然村进行试点，所以又被誉为“曼杭混模式”。该项工程从2005年开始推行以来，到2009年大致经历了三个阶段。曼恩村委会范围内共有9000多亩土地进行平整，重新分配。

---

① 本项目调查活动获得中央民族大学研究生学术创新社会调查项目2009年度暑期项目支持。和刘华、陈小华三人一起在曼恩村进行了为期20天的田野调查，本书所引用的资料由三人共同收集整理，调研报告也是三人共同撰写的。在此，向我的同伴表示真诚的谢意。

土地平整工作的目的主要有三个：首先是为了扩大农业生产规模、提高生产效率。根据曼恩村委会给勐遮镇政府的报告中所说的，是因为“西双版纳州勐海县勐遮镇作为粮食主产区，在过去的农业生产中，由于农民私下进行土地买卖，自行开荒等行为，农户田地形成了点多、量少的局面，大部分农户的土地高低不平，距离又远，且界限不明，给农业生产带来了极大的不便，既浪费了生产力，又增加了工作复杂度”。[①] 在国家的农业综合开发项目出台后，当地适时的向当地县、镇党委政府申请项目，争取支持。通过综合开发，较好地解决了农村土地承包经营情况下一家一户办不了的大事情。其次，是为了解决人均土地占有不公的问题。自从1982年实行第一轮土地承包以来，土地的占有情况并未发生变化，即使在1998年进行第二轮土地承包的时候，仍是按照第一轮的占有状况发包的。这导致1982年后出生的人至今没有土地，导致一些家庭人均占有量低，而一些家庭却因为人口的自然死亡、出家和到城里居住，人均占有量高。土地占有状况不公平。最后，加强村内土地统一管理。一些在1982年、1983年以后村民自行开垦的土地，从未向国家和村里缴纳过税费，这也不公平。[②] 因此，曼恩村委会决定进行“土地平整”工作。

当地的“土地平整”工作始于2005年，但是仅是在群众中酝酿。正式开展为2006年8月，曼恩村率先在曼杭混村民小组开展了农业综合开发模式的探索，争取上级财政拨款388万元，群

① 资料来源：村委会文档，《关于申请曼恩村委会整村推进农业综合整治项目的情况汇报》。

② 2009年4月4日，与村支书的访谈。

众自筹10万元，群众投入劳动力折合86万元，总计484万元的项目经费，将该村承包到户的所有田块全部打散，小坡平整，统一规划、集中开发，完成了“三个六百亩”的农田规划，[①] 并铺设了2100米的机耕路和920米的排灌渠，在路边和渠边种植了4800株田间防护林。通过“土地平整”，曼杭混小组原有在册875.6亩农田增加到了2050亩，其中预留了480亩作为村小组集体用地；通过农业综合开发，土地连片生产经营，极大地降低了劳动成本，提高了生产效率，“曼杭混小组村民人均增收1858元/年。村小组集体经济收入增加96000元/年”[②]。当地的土地平整因此被外界誉为“曼杭混模式”，曼杭混村民小组也被评为“全国文明村”。2008年3月，省委书记白恩培到当地视察；2008年11月，国家副主席习近平到曼恩村委会视察。包括习近平副主席在内的各级领导对当地的土地平整工作给予了高度肯定，并做出重要指示：要在有条件的村寨继续推行农业综合开发项目。

曼恩村共有14个村民小组，分别为曼杭混、曼纳麻、曼垒、曼短、曼刚、曼恩、曼慌、曼拉、曼给、曼倒、曼广迈一组、曼广迈二组、新添寨一组、新添寨二组。在曼杭混村民小组的“土地平整”工作收到良好效益之后，曼恩村的其他各村民小组都有了较高的热情，要求进一步推进“土地平整”工作。

本村的曼给村民小组于2007年2月向村委会提交了《关于请求整合土地资源的同意书》。该“同意书”中表示，“通过国家

---

① 即600亩优质稻、600亩“吨糖田”和600亩“稻鱼共生”示范基地。

② 资料来源：村委会文档，《关于申请曼恩村委会整村推进农业综合整治项目的情况汇报》。

农业综合开发项目在曼杭混实施以来，曼杭混村的示范带头作用已逐步显现出来，曼恩村委会于2007年1月30日召集村民小组干部及村民代表到曼杭混实地参观后，我村民小组于2007年2月8日召开村民大会研究同意向曼杭混一样将现有的水田555亩，荒地、荒滩近1500亩全部进行荼毒资源整合规划。”[①] 2008年7月3日，村委会召开全村干部会议，通过了《勐遮镇曼恩村委会九个寨子同意按照曼杭混土地整治实施方案》，与会干部在方案上按手印表示同意。九个同意进行“土地平整”的村民小组分别为曼纳麻、曼垒、曼短、曼刚、曼恩、曼慌、曼拉、曼给、曼倒；剩下的曼广迈一组、曼广迈二组、新添寨一组、新添寨二组领导作为证明人参会，在同意方案上按了手印。由于曼给土地状况较差，虽然曼给村民小组较早提出了“土地平整”申请，当地相关部门并没有将其列入第二拨开发计划。第二拨进行土地平整的是曼纳麻、曼垒两个村民小组。2009年，在县农委办、发改局、镇党委、政府的规划下，曼纳麻、曼垒两个村民小组进行了农业综合开发。其中，曼纳麻小组土地由开发前的413.2亩增加到962亩，预留村小组集体100亩，预计将为集体增收20000元/年；曼垒小组土地开发前为683亩，项目到2009年8月份仍在进行中，已平整土地1400亩，预计还有近600亩土地将得到进一步平整。

截止到2009年8月，第二阶段的“土地平整”工作已临近完成。对于第三阶段的“土地平整”，云南省委书记白恩培指示：组织村两委会讨论后认为，对于刚完成搬迁或即将进行搬迁的

① 资料来源：村委会文档，《关于请求整合土地资源的同意书》。

4 个村民小组，不适合马上进行农业综合开发，[①] 而余下的 7 个村小组，有条件、有基础进行农业综合开发，并且由于这 7 个村小组的土地与率先进行开发的 3 个小组连成一片，可以探索性地进行整体综合开发。这样做好处有三点：一是可以有效避免土地资源的浪费；二是可以进一步整合共用资源，最大限度方便百姓生产；三是降低开发成本，节省财政支出。

曼恩村委会对于曼短、曼刚、曼恩、曼慌、曼拉、曼给、曼倒七个村民小组的"土地平整"效益做了一个评估[②]：

村小组名称	开发前土地面积（亩）	开发后土地面积（亩）	开发后人均增收（元/年）	开发后集体增收（元/年）
曼短	347	750	1200	16000
曼刚	491	800	1200	20000
曼恩	1119	1750	1200	40000
曼慌	200	600	1200	12000
曼给	571	2100	1500	80000
曼拉	710	2000	1500	60000
曼倒	555	600	500	5000

在调查组即将离开曼恩村的时候，本村委会的曼刚寨村民小组已经由村民小组大会通过了于 2009 年 10 月开始进行"土地平整"的决定，绝大多数家庭代表已经在表决书上按手印表示同意。因上级资金不能到位，截止到 2010 年 1 月，该项工作仍未能顺利展开。

① 这四个村寨为非傣族村寨，基本居住在山中，自然环境较差，不适宜大规模的开展土地平整。另外在搬迁中，由于村民建房等，已经用去很大一笔资金，村民已无力再进行筹资，故暂缓土地平整。

② 资料来源：村委会文档，《关于申请曼恩村委会整村推进农业综合整治项目的情况汇报》。

(二) 土地平整中的“传统”因素

农村土地问题在中国历来是一个十分复杂的问题。在制度层面上，它涉及集体土地所有权问题和农村家庭承包权问题。在生活层面上，它涉及当前农村在缺乏养老保障的情况下，土地更是其安身立命之本的问题。如此复杂的问题，在曼恩村委会却进行了如此重大的调整，而没有引起群众的反对和上访，这不能不说是个奇迹。根据资料显示，在2000年，勐海县格朗和乡苏湖村公所大呼拉村委会由于打散土地进行重新分配，引起集体上访而被上级制止。根据勐海县统计资料的说法，是这样定性的：“不按中央、省委第二轮土地承包政策办事，不执行州、县第二轮土地承包的规定，打散土地，按现有人口重新分配，引起村民集体上访。勐海县委、县政府及时派出工作组进驻该村，宣传中央政策、国家法律、指出错误、批评教育、帮助纠正其错误做法①。”因此，曼恩村委会的“土地平整”工作顺利推行的一个重要问题就是如何用一种大家都能接受的方式来实现村委会内多数人的利益诉求。

在调查组与岩帕支书的访谈过程中，曾问他是否知道本县其他乡镇进行过类似的土地平整项目，岩帕支书说他不曾听说过。当然，格朗和乡大呼拉村的土地重新分配和曼恩村的土地平整还是有着重要区别的，其中最重要的区别就是后者是平整之后的土地再分配，而前者没有土地平整的措施。调查组认为，如果算上格朗和乡的土地重新分配的例子，曼恩村委会并不能算绝对的

① 《西双版纳年鉴》编委会：《西双版纳年鉴》，燕山出版社2001年版，第189页。

“第一个吃螃蟹的人”。但是，不管怎么样，曼恩村委会是真正意义上的“第一个吃到螃蟹的人”。格朗和乡的土地重新分配则可以说是“羊肉没吃到，惹了一身骚”。从这个意义上来讲，曼恩村委会的土地平整之所以得到广泛的肯定，很重要的一点就在于他们平稳地做好了这项工作，没有引起集体上访等群众矛盾。这也是调查组的共识。曼恩村委会是通过何种方式化解其中隐藏的矛盾以保证土地平整工作得以顺利开展的呢?

调查组总结出这样几个因素：一是上级领导的大力支持。曼恩村的土地平整项目开展以来，云南省省委书记白恩培、国家副主席习近平先后在当地调研，对该工程给予了大力支持。二是村支书的有力领导。村书记岩帕在当地是一个富有领导能力的干部，得到广大群众的信任。三是其他干部及民间权威的支持。作为一个全民信奉小乘佛教的民族，当地有着深厚的佛教文化的影响。当地的宗教领袖及老人都支持该项目的开展。四是多数村民的支持。因为当地土地较少的村民家庭已经占到很大的比例。五是公正严密的办事程序。每一个会议，每一项决定，每一个承诺都有会议录像、签字。在此，要重点说明一下土地平整中的“传统”因素，也就是村支书获得其他干部及民间权威的支持，排除反对意见。

曼恩村是一个以傣族为绝对主体的行政村，傣族是一个全民信仰小乘佛教的民族，各种具有宗教权威性质的民间人士也是当地社会生活中重要的社会权威。很多傣族传统在曼恩村得到了较好的保留，例如老人在当地十分受尊敬；布章是当地民间的“经师”，除了参与缅寺管理外，还是驱鬼的能人，在村寨中享有一定威望；召曼作为寨子的保护人在当地村寨中也有着较高的权威。推行土地平整，除了获得村委会其他干部的支持、各村民小组干部支持外，获得其他传统民间权威的支持也是十分重要的。支书自已也说“要团结好各个村小组长、村干部，要跟他们处理好关系，否则根本无法开展工作。对村中的老人、布章，该尊重的要尊重，有事情也要尽量获得他们的支持”。在土地平整中支书也是这样处理的。支书说，曼杭混开展土地平整的时候，有很多群众都不理解，认为种得好好的土地为什么非要打乱重新分。支书首先就和该村民小组支书、小组长、老人协会成员、布章等进行交谈，指出土地平整的意义；并以承诺首先把自己家里的20亩土地拿出来一起参加平整。支书的做法得到了村委会其他干部、村民小组干部以及相关民间权威的支持。

在土地承包中，也有村民不认可支书的做法，不愿意将土地交出来承包，并且还以《土地承包法》的规定为依据，反对土地平整。① 这时支书首先在村干部和老人等民间权威中寻求支持。他召开由他们参加的会议，商议如何处理该事。有了一致结果，大家签字画押之后，支书亲自到该村民家中说明该项决定的主要内容：（1）你可以继续保留原有的18亩土地；（2）我们也保留你的户口（该人是汉族，上门到这里的）；（3）本村以后再也不向此人收取任何费用；（4）此人去世后本寨人不去帮忙，本寨有人去世也不要他帮忙；②（5）本人若在外面遇见什么麻烦，也不

① 一位村民自留地较多，加上分得的土地，一共有18亩。若是平整以后，他只能分得7亩多的土地。因此，他不愿意将土地拿出来平整。

② 按照当地习俗，任何一家有人去世，每家都应派出一位男子参加其葬礼。这是村寨中一项重要的集体活动，若是不参与，就要被罚款。这几项决定比罚款更严厉，明显是要孤立该村民。在曼恩村的实际情况来看，这可以说是村里所能做出的最严厉的处罚。

能找村委会。这5条的意思总的来说就是把此人孤立起来。这些条件一讲，该村民马上同意交出土地，由村委会统一平整，同时提出条件：希望村委会考虑到他家人多的实际情况，能在应分数额的田亩外，再多分一亩鱼塘。支书也立马答应了。在该村民同意交出土地进行平整之后，村寨中再也没有哪位村民不同意了。

在该案例中，支书正是先获得村干部和民间权威的支持，才能采取有效措施排除反对意见，使土地平整工作在整村推行。他们在做群众工作的时候，主要发挥了"传统"习俗的制约作用。如果你不同意，我们就将你排除在传统习俗之外。这实际上是另一种形式的"放逐"。这种做法并不违反国家法的规定，但却有着强大的制约力。这与当地传统社会结构和传统文化有密切的关系。

如果用迪尔卡姆的观点来看，这种传统应该是社会事实。"这类事实存在于个人之身外，但又具有使个人不能不服从的强制力的行为方式、思维方式和感觉方式构成。"① 有时候，我们并不能感受到这种强制力的存在。"即使我们对于所受到的压力百依百顺，那也只是掩盖了而不是消除了这种压力。这就像我们在空气中并不感到空气有重量，而实际上空气的重量是存在的一样。"② 相反的，只要我们触犯了这些规则，我们就会立即感

① 【法】E·迪尔凯姆著，狄玉明译：《社会学方法的准则》，商务印书馆2009年版，第25页。

② 【法】E·迪尔凯姆著，狄玉明译：《社会学方法的准则》，商务印书馆2009年版，第27页。

受到它的强制力。“我一去反抗它，它就立即表现出来。”[①] 现在，我们用这个理论来分析刚才所说的问题：村民在生活中并没有感受到、或者说很少感受到传统的力量。因为他们都生活在生而有之的生活环境中，已经对周围的一切太熟悉了。是这么熟悉，以至于忘了还有传统因素的存在，似乎他们都已经是21世纪的现代人了。但是，传统总是存在的，只是它们已不像穿在身上的衣服一样，显而易见；它们已经融入我们的血液，我们的DNA，非有科学分析手段，不容易被发现。有学者认为，“文化，从远古走来，是由历史的积淀而成。文化中的人都是行走在历史中的。文化像化石一样，记录着自己的过去，文化也像树的年轮一样，在共时性的平面上，我们能看到一圈圈年轮所表达的文化的历时性。我们经常认为自己是现代的，其实，我们的很多语言和行为是非常历史的，我们与祖先之间的差别并没有我们想象的那么大。文化的历史积淀及历史的不可超越性是文化固有的规律，我们认识文化现象时应当高度重视。”[②] 当我们在理解传统的时候，我们其实就是从文化角度去理解。

当地群众就是生活在这样一种“空气”中。当他们按照传统习惯生活时，他们丝毫也感觉不到传统习惯给他们的压力。但是，一旦有人要反对传统，他就会立刻感受到传统习惯的力量。在这个案例中，这个持反对意见的村民不是主动反对传统习惯，

① 【法】E·迪尔凯姆著，狄玉明译：《社会学方法的准则》，商务印书馆2009年版，第24页。

② 徐中起主编：《中国少数民族文化权益保障研究》，中央民族大学出版社2009年版，第5页。

而是“被”众人给排挤出了传统的圈子。不管是主动，还是被动，只要你身处文化圈之外，你就会感受到它带给你的压力。在本案例中，还要注意到一个细节，该村民是上门到傣族地区的汉族人。这说明，即使不是本文化圈天然的成员，只要和该文化圈产生密切联系，也会同样感受到传统的规制。这更好地说明了传统的力量。

每个群体都有自己的“文化”、“传统”。当我们今天来看藏族的“赔命价”制度的时候，也要重视其中的传统因素。资料显示[①]：在藏区的一次小规模调查中，有56%的人认为部落组织比村委会或乡镇府更重要；64.85%的人认为，当生活有困难时，部落比政府更关心他们；59.64%的人认为，在藏区社会，习惯法比国家法更重要；69.39%的人认为不应该废除习惯法；当国家法与习惯法相冲突的时候，49.66%的人认为应该按习惯法处理，43.31%的人认为应该妥协，其他选项只占7.03%；52.38%的人认为杀人“赔命价”是理所当然的，持否定态度的只占40.82%；51.25%的人认为犯罪首先侵害的是被害人的权利，42.40%的人认为犯罪首先侵害的是社会利益；68.31%的男性认为强奸不是犯罪。当我们看到这些数据的时候，我们应该能感觉到“传统”的影响力之大。如果要想办法来改变这种状态，我们自然无法脱离其传统来寻求解决之道。

在本节中，强调了“传统”、“习惯”对行为决策的影响。我们在努力寻找习惯法中隐含的经济理性的时候，不能忘了他

① 吕志祥：《藏族习惯法——传统与转型》，民族出版社2007年版，第326—338页。

们文化中的传统因素。但是，需要指出的是，在每一个集体决策的背后，我们几乎都可以看到“传统”、“习惯”的影子。这是不是就可以说他们都完全受制于“传统”、“习惯”，是“有限意志”的呢？认为，我们需要仔细考量一个事件中各种因素所处的位置，看哪个因素是在优先位置，哪些因素是在次要位置。如果“传统”、“习惯”占据着主导地位，则当事人是“有限意志”的。如果不是，自然也就不能这么认为。

第三节　民族习惯法中的有限自利

一、有限自利理论概述

“传统经济学假设人类行为都是理性且自利的，这会自动导致个人和社会整体福利水平的最大化。不过公平和效率并重的社会价值，在许多情况下都不能兼容，经济人不会为了公平的目的而牺牲自我利益。”① “但行为经济学认为，纯粹的自利无法解释人类生活中存在的许许多多的‘非物质动机’和‘非经济动机’现象，例如社会存在一些真正的‘公平人’自愿捐献、干旱时自愿节水以解决能源危机，另外一些人却牺牲金钱从而对不公平的待遇进行报复……人类经济行为的动机不仅仅只是理性和自利，也有情感、观念导引和‘社会目标’引致的成分。因此，很有必要将社会动机的一种形式——人们对他人福利的关心纳入经济分析中。”② “尽管大量的经济学模型都假

①② 戴志勇：《行为经济学原理》，北京大学出版社2006年版，第71页。

设人只关注自身的利益，而对社会目标并不关心，但是现实的经验告诉我们，人们的效用水平不仅取决于自身的收益，而且和分配的公平性密切相关。”[①] 贝克尔“在个人效用函数中引入利他主义行为来说明人类行为的一般性，就拓展了‘经济人’的假设，将非经济因素纳入到经济模型分析中，同时为家庭制度中普遍存在的利他主义行为模式提供了经济分析”。[②] 这实际上是贝克尔对他自己特别强调的必须始终以效用最大化为分析视角的理论进行了部分修正。

有学者认为，“公平地对待别人和被别人公平对待看来是人们的基本社会要求，这和理性选择理论的自利判断是不一致的。”[③] 这就是说，人类并不总是追求利益最大化的，他们还有精神方面的需要。我们不能因为要以经济理性的角度来分析问题，就认为每个人每时每刻都追求利益最大化。

二、民族习惯法中的有限自利

在这里，我们要分析的是当事人对他人福利的关心。在某些情况下，这种关心会影响到他自己的决定。上文中我们引用了曼恩村土地平整的事例来做说明。曼恩村土地平整后的一个决定就是将村里的部分土地承包出去，以发展规模化种植业。是不是同意将土地承包出去，不同的家庭有着不同的意见。家中壮劳动力已经外出务工，家中老人无力耕种的家庭愿意将土地承包出去，

---

① 戴志勇：《行为经济学原理》，北京大学出版社 2006 年版，第 71 页。

② 戴志勇：《行为经济学原理》，北京大学出版社 2006 年版，第 4 页。

③ 魏建：《行为经济学与行为法经济学：一个简单介绍》，载《制度经济学研究》，2003 年第 2 期。

因为有些家庭在土地平整之前就已经将土地承包出去了。部分村民则并不愿意承包，因为家人外出务工收入不多，口粮主要靠田里生产，如果土地承包出去，则来年的口粮就需要从城里购买，远远没有自己种地划算。因此，主要收入来自农业生产的家庭的生活难以保障。

2009 年 9 月 3 日晚，在曼刚寨召开村民大会就对外发包土地进行表决的时候，没有一个人表示异议，全部都按手印同意对外发包。曾经对此有些不解，询问村民原因，村民说是“大家都在包，自己不包不好”。认为，这个问题主要可以从两个方面来加以解释：第一，是一种适当放弃个人利益成就集体利益的价值取向在发挥作用。诚如村民所说的“大家都在包，自己不包不好”，这其中实际上包含着一种对于他人利益的支持。没有人愿意因为自己的利益而损害村民小组内大部分人的利益。他们朴素的语言中包含着一种舍己为人、成就他人的可贵思想。其实，这种思想正是佛教的经典故事——佛祖割肉喂鹰的故事想要向世人传递的信念。傣族作为一个全面信仰小乘佛教的民族，通常都会将这一故事画在每个寨子的寺庙墙壁上，教育世人。第二，当地农业收入现在已经不是家庭收入最主要的来源。即使是农业人口较多的家庭，只要家中有劳动力，农业收入也不是他们最主要的家庭收入来源。富裕劳动力会努力在外面寻找挣钱的生计，当地居民外出多数以卖烧烤和水果为主要谋生手段并通常能取得不错的收入。在这种情况下，虽然个别家庭会因为土地外包而遭受一些损失，但是，只要家里有人可以外出挣钱并不会因此而影响正常生活，他们在考虑第一因素以后，也就选择了同意。也许，还有第三个因素在其中发挥作用，那就是之前讲过的村委会对那一户不愿意把田拿出来平整家庭的处理结果也在无形中给大家一种警示作用，在不到迫不得已的时候不愿意公然反对大家的共同利益。多种因素共同作用，使得当地村民最终都选择了同意土地外包。但是，这种一致同意的背后所掩盖的一些不和谐因素并未完全消除，甚至可能在可预见的未来突然显现。这就需要当地干部及相关工作人员在具体工作中把工作做得更细致一些，对于因土地外包而导致的个别的生活困难户给予切实帮助，做到从根本上消除隐患。

在这里，更愿意强调第一点，村民愿意为了集体内多数人的利益而放弃自己的部分利益。当地人总是处于一种悠然自得的生活状态中，因为生存压力很小。在佛教文化的影响下，他们又总是很宽容的。在土地平整项目开展过程中，很少有人固执的坚持自己的利益，阻碍项目的进行。

本章结语

通过本章的研究，主要想说明，初民社会虽然具有一定的经济理性，但很多因素阻碍着他们成为完全的“经济人”。因此，当我们在努力寻找习惯法中隐含的经济理性的时候，不能忘了其中的“有限”因素。这样，我们就不会认为初民社会中的人就是纯粹的“经济人”了。

此外，我们还需要注意一个问题，那就是不能将行为法律经济学中对“传统”、“习惯”等因素的研究等同于法律文化研究中对传统习惯的研究。行为法律经济学是对传统法律经济学研究方法的一种补充，正如行为经济学是对传统经济学研究方法的一种补充一样。我们不能脱离这一前提，否则，我们就会忽略掉其中的“经济”因素，最终与行为法律经济学的研究背道而驰。

全书结语

不知不觉，本书的论述到了该结束的时候。在本书的最后，尚有一个问题要进行简要的论述。因为它关系到本书导论中提到的一个问题，就是“形式论”和“实质论”的问题。

马歇尔·萨林斯是实质论的代表人物之一。他认为，“形式论将原始社会经济视为资本主义经济的原始版，而文化研究的原则给予每个不同的社会足够的重视。”同时，他明确表示，“本书是实质论的。”① 认为，实质论的实质就是以不同社会的价值体系来叙述、分析其社会本身，而不能以一种普世的分析方法、话语体系来做抽象的分析。萨林斯认为，“斐济人有着自己的传统经济术语，但未被我们的经济科学承认。他们的经济术语包括‘酋长’（贡物的接受者和礼物的分派人）、‘姐妹的儿子’（享受特权的亲属）、‘亲戚心肠好’（几近命令式的物质索取）、‘船家’（专事打鱼和航海的氏族）、‘鲸齿’（至尊宝物）、‘边界联盟’（礼物契约）、‘战神’（铺张敬献的对象）等等。这些才是斐济人驰名遐迩的生产关系、分配关系、消费关系，这些关系组织了对自然的开发，并根据人的意义价值以及他们存在的目的来提供

① 【美】马歇尔·萨林斯著，张经纬、郑少雄、张帆译：《石器时代经济学》，生活·读书·新知三联书店2009年版，导论第2页。

社会供给。斐济人通过这种文化实践，因地制宜，对当地开发产生了具体的效果。”① 这是实质论的核心观点。

认为，实质论的这种研究方法与人类学的主要研究方法是一脉相承的。“在世界上众多的人类学家当中，可能由于社会观念、理解方式和价值观的不同，而分化为不同取向和风格的人类学。有些人类学家注重研究不同社会、不同民族和不同群体的生活方式和文化的创造性，他们以展示文化的丰富性和多样性为己任，他们的成就显示出一种强烈的人文追求。另外一派的人类学家则更像社会科学家，他们有的注重从经验事实中归纳出某种一般的、具有普遍意义的理论，有的认为经验事实如果脱离社会科学理论的推理便无法解释。在过去的一百年中，人类学传统的人类学与社会科学传统的人类学两派之争受到了广泛的关注，影响极为深刻。两派学者的争论，其实是由文化的多样性与人的一致性这两个不同概念之间的矛盾引起的。”② 认为，萨林斯的实质论是从引文所说的前一种人类学的研究方法出发，对不同社会的经济文化生活进行分别研究的态度。相对而言，形式论则是从经济学的角度出发，对初民社会的经济生活进行抽象分析，试图寻找一种共有的经济理性的努力；这与引文中所说的后一种研究方法类似，但却不是从人类学角度出发的。

这是从研究方法上对形式论和实质论进行区分。实际上，两者之间的区别远不止这么一点。实质论观点认为，原初社会是一种丰裕社会。当然，实质论并不是盲目地认为原初社会就是真正

① 【美】马歇尔·萨林斯著，张经纬、郑少雄、张帆译：《石器时代经济学》，生活·读书·新知三联书店 2009 年版，新版前言第 3 页。

② 王铭铭：《人类学是什么》，北京大学出版社 2002 年版，第 13 页。

的丰裕社会。“实现丰裕有两条可行的途径。要么多生产些，要么需求少些，欲求便能‘轻易满足’。”① 萨林斯认为，“无可否认，前农业时代的经济确实深罹困乏之扰，但我仍要坚称，从现代狩猎采集者的证据来看，狩猎采集人群往往成功适应了他们所处的环境。”② 这就是说，在农业技术取得发展以前，农民的生活是很艰苦的，但他们能做到“穷快活”，通过减少对物质的欲望达到“丰裕”的状态。相反的是，狩猎采集人群则是通过多生产来达到“丰裕”的状态；此外，还包括捕鱼为生的人群也是如此。萨林斯通过各种资料的综合分析，认为澳洲的狩猎采集人群和捕鱼人群生活在真正的丰裕社会中。“布须曼人的数值显示一个男人的狩猎采集活动，可以维持四或五人的所需。”③ 约翰·爱德华·埃尔描述了澳大利亚土著人如何拥有取之不尽用之不竭的鱼类、虾类、昆虫等其他食物。乔治·格雷还说，“只需二到三个小时，他们就能获得足够一天所需的食物，但他们通常的习惯就是怠惰地从这儿晃到那儿，在闲逛的时候懒散地捡上一些。”④ 这就是实质论所说的原初丰裕社会的大致景象。

萨林斯为我们描绘了一幅截然不同的初民社会的生活场景。认为，即便少数以捕鱼狩猎采集为生的初民社会处于生活资料丰

① 【美】马歇尔·萨林斯著，张经纬、郑少雄、张帆译：《石器时代经济学》，生活·读书·新知三联书店2009年版，第3页。

② 【美】马歇尔·萨林斯著，张经纬、郑少雄、张帆译：《石器时代经济学》，生活·读书·新知三联书店2009年版，第2页。

③ 【美】马歇尔·萨林斯著，张经纬、郑少雄、张帆译：《石器时代经济学》，生活·读书·新知三联书店2009年版，第26页。

④ 转引自【美】马歇尔·萨林斯著，张经纬、郑少雄、张帆译：《石器时代经济学》，生活·读书·新知三联书店2009年版，第31页。

富的状态，但相对而言，以农业种植为生的人群要多得多，他们并没有处于这样的生活资料丰裕的生活状态。也就是说，相对于少数生活丰裕的人群而言，更多的人群生活在食物短缺的状态中。即便有了萨林斯所描述的“原初丰裕社会”，仍然坚信，原初丰裕社会只是极少数自然条件良好、自然资源丰富的地区里的人群的生活状态，食物短缺、充满风险是初民社会的基本特征。本书的论述是建立在将初民社会描述为食物短缺、充满风险的状态之上的。

实际上，食物短缺是世界古代史中的一种普遍状态。尽管狩猎采集人群比农民的生活更有保证一些，但“旧石器时代的社会组织的实质是协作。从根本上来说，家庭和部落都是相互协作的团体，他们共同为生存而进行着艰苦的斗争”。① 到了新石器时代，人类由食物采集者变成食物生产者。“新时期时代的人与他们旧石器时代的前辈在两个方面有所不同：一方面是新石器时代的人不再用打制法，而是用磨制法来制作石器；另一方面是他们食物来源的大半或全部都是靠栽培植物和畜养动物，而不是靠狩猎或采集去获得的。”②“在距今10000年前到距今2000年前这段人类发展史上相对短暂的时间里，全世界大部分人类都转向农业……上万年前，人类的数量增长缓慢，但还是造成了非洲、亚洲、大洋洲乃至美洲的人口迁移。最后，除南极洲外的各大洲都住满了人。随着此后人口缓慢但不断的增长，靠捕猎为生的原始

① 【美】斯塔里夫阿诺斯著，董书慧、王昶、徐正源译：《全球通史》，北京大学出版社2005年版，第8页。

② 【美】斯塔里夫阿诺斯著，董书慧、王昶、徐正源译：《全球通史》，北京大学出版社2005年版，第20页。

人不得不以自己种植的食物来补充采集食物的不足。”① 虽然如此，但受耕作技术、物种传播等因素的影响，在这之后的很长一段时期内，种植业的产量一直徘徊不前；畜牧养殖在部分地区得到了很大发展，为人类提供了较为丰富的食物来源。以我国的情况为例：虽然我国有以捕鱼为主要生活资料来源的赫哲族，有以游牧为主要生活来源的蒙古族，但我国的绝大多数民族在新中国成立前都是以多种生产方式来获取生活资料的。从少数民族社会历史调查的资料来看，当时少数民族群众的生活资料极为有限；从我们的祖辈那里可以知道，直到杂交水稻发明之前，我国的水稻收成一直很低；北方广泛种植的玉米、土豆产量稍高一些。总体而言，人类仍基本处于为生存而劳动的阶段。

以上的论述，就是要说明这样一个问题，原初丰裕社会只是极少数自然条件良好、自然资源丰富的地区里的人群的生活状态，食物短缺、充满风险才是初民社会的基本特征。正是由于食物短缺、充满风险，人们更需要通过各种制度设计来共享食物、分担风险，人们需要通过各种制度设计来降低生产生活中的交易成本以便更有效率地从事劳动生产。

最后，想要说明的一点就是，无意于将初民社会中的人都描述为精通现代经济学知识的“经济人”，但无可否认的是他们懂得通过一些制度设计来降低生产生活成本，降低生存风险。此外，也不认为初民社会中的每一项制度的产生及其变迁过程都可以用经济分析法来进行检验，但其中的一部分制度可以通过经济

① 【美】斯塔里夫阿诺斯著，董书慧、王昶、徐正源译：《全球通史》，北京大学出版社 2005 年版，第 22 页。

分析法来说明则是肯定的。这至少说明这样几个问题：一是初民社会中的人也是具有一定的经济理性的；二是经济分析法可以更广泛的用于人类社会各种制度的分析上。

本书的论述只是将经济分析法学的方法引入民族习惯法研究的一个初步尝试。经济分析法学在中国的传播及其中国化的研究仍然处于起步阶段，也仅仅是这一理论的初学者，这一研究对我来讲难度很大，远远超出我的预料。经过几年的努力阅读和思考，终于形成了目前的稿子。选择几个具体民族习惯法规则为分析对象，用经济分析法学的方法进行解释，努力做到能够自圆其说。文中的不足和错误，希望各位学界前辈同仁不吝赐教，帮助不断修改完善。

参考文献

一、中文类

（一）专著类

1.【古罗马】塔西佗著，马雍、傅元正译：《阿古利可拉传——日耳曼尼亚志》，商务印书馆 1958 年版。

2.【德】弗里德里希·恩格斯著，李东旭译，《家庭、私有制和国家的起源》，中国社会出版社 1999 年版。

3.【法】孟德斯鸠著，张雁深译：《论法的精神》，商务印书馆 1982 年版。

4.【美】罗斯科·庞德著，邓正来译：《法律史解释》，中国法制出版社 2002 年版。

5.【美】斯蒂文·萨维尔著，柯华庆译：《法律的经济分析》，中国政法大学出版社 2009 年版。

6.【美】加里·S·贝克尔著，王业宇、陈琪译：《人类行为的经济分析》，格致出版社 2008 年第 2 版。

7.【德】马克斯·韦伯著，康乐等译：《韦伯作品集—经济与历史支配的类型》（第二卷），广西师范大学出版社 2004 年版。

8.【美】理查德·A·波斯纳著，蒋兆康译：《法律的经济分析》，中国大百科全书出版社 1997 年版。

9.【美】理查德·A·波斯纳著，苏力译：《正义/司法的经济学》，中国政法大学出版社 2002 年版。

10.【美】哈德罗·J·伯尔曼著，贺卫方等译：《法律与革命》，中国大百科全书出版社 1993 年版。

11.【美】保罗·萨缪尔森、威廉·诺德豪斯著，萧琛主译：《经济学》（第 18 版），人民邮电出版社 2008 年版。

12.【美】道格拉斯·C·诺斯著，《制度、制度变迁与经济绩效》，格致出版社 2008 年版。

13.【美】曼昆著，梁小民译：《经济学原理》，机械工业出版社 2003 年版。

14.【美】罗维著，吕叔湘译：《初民社会》，凤凰出版传媒集团 2006 年版。

15.【美】大卫·D·弗里德曼著，杨欣欣译：《经济学语境下的法律规则》，法律出版社 2004 年版。

16.【美】科斯著，盛洪译：《生产的制度结构》，上海三联书店 1992 年版。

17.【美】唐纳德·A·威特曼主编，苏力等译：《法律经济学文献精选》，法律出版社 2006 年版。

18.【美】斯坦利·L·布鲁著，焦国华、韩红译：《经济思想史》，机械工业出版社 2005 年版。

19.【美】罗纳德·哈里·科斯著，盛洪、陈郁译校：《企业、市场与法律》，格致出版社、上海三联书店 2009 年版。

20.【英】布罗尼斯拉夫·马林诺斯基著，张云江译：《西太平洋上的航海者》，九州出版社 2007 年版。

21.【法】马塞尔·莫斯著，汲喆译：《礼物——古式社会中交换的形式与理由》，上海世纪出版集团 2005 年版。

22. 【英】布罗尼斯拉夫·马林诺斯基著，张云江译：《西太平洋上的航海者》，九州出版社 2007 年版。

23. 【美】马歇尔·萨林斯著，张经纬、郑少雄、张帆译：《石器时代经济学》，生活·读书·新知三联书店 2009 年版。

24. 【冰岛】思拉恩·埃格特森著，吴经邦等译：《经济行为与制度》，商务印书馆 2004 年版。

25. 【美】A·米切尔·波林斯基著，郑戈译：《法和经济学导论》，法律出版社 2009 年版。

26. 【意】贝卡里亚著，黄风译：《论犯罪与刑罚》，中国大百科全书出版社 1993 年版。

27. 【美】斯塔里夫阿诺斯著，董书慧、王昶、徐正源译：《全球通史》，北京大学出版社 2005 年版。

28. 【英】梅因著，李祖荫译：《古代法》，商务印书馆 1959 年版。

29. 【美】尼古拉斯·麦考罗、斯蒂文·G·曼德姆著，朱慧、吴晓露译：《经济学与法律——从波斯纳到后现代主义》，法律出版社 2005 年版。

30. 【美】A·爱伦·斯密德著，黄祖辉等译：《财产、权力和公共选择——对法和经济学的进一步思考》，上海三联书店、上海人民出版社 1999 年版。

31. 【美】罗伯特·考特、托马斯·尤伦著，张军等译：《法和经济学》，生活·读书·新知三联书店 1994 年版。

32. 【英】朱利安·勒·格兰德、卡洛尔·普罗佩尔、雷·罗宾逊著，苗正民译：《社会问题经济学》，商务印书馆 2006

年版。

33.【法】E·迪尔凯姆著，狄玉明译：《社会学方法的准则》，商务印书馆2009年版。

34.【英】边沁著，时殷弘译：《道德与立法原理导论》，商务印书馆2000年版。

35.【英】边沁著，沈叔平等译：《政府片论》，商务印书馆1997年版。

36.【美】E·霍贝尔著，严存生等译：《原始人的法》，贵州人民出版社1992年8月版。

37.【英】A.R拉德克利夫—布朗著，潘蛟、王贤梅、刘文远、知寒译：《原始社会的结构与功能》，中央民族大学出版社1999年版。

38.【法】米歇尔·福柯著，刘北成、杨远婴译：《规训与惩罚》，生活·读书·新知三联书店1999年版。

39.【美】克利福德·格尔兹著，韩莉译：《文化的解释》，译林出版社2008年版。

40.【美】唐纳德J·布莱克著，唐越、苏力译：《法律的运作行为》，中国政法大学出版社2004年版。

41.【日】鹏濑孝雄著，王亚新译：《纠纷的解决与审判制度》，中国政法大学出版社2004年版。

42.【美】罗伯特·C·埃里克森著，苏力译：《无需法律的秩序——邻人如何解决纠纷》，中国政法大学出版社2003年版。

43.【英】马林诺夫斯基著，原江译：《原始人的犯罪与习俗》，法律出版社2007年版。

44. 【日】川岛武宜著，王志安等译：《现代化与法》，中国政法大学出版社 1994 年版。

45. 【法】爱弥尔·涂尔干著，渠东译：《社会分工论》，生活·读书·新知三联书店 2008 年版。

46. 【美】P·诺内特，P·塞尔兹尼克著，张志铭译：《转变中的法律与社会》，中国政法大学出版社 1994 年版。

47. 【英】J·G·佛雷泽著，徐育新、汪培基、张泽石译：《金枝》，新世界出版社 2006 年版。

48. 【英】弗思著，费孝通译：《人文类型》，商务印书馆 1991 年版。

49. 【英】马凌诺斯基著，费孝通译：《文化论》，华夏出版社 2002 年版。

50. 【美】E·博登海默著，邓正来等译：《法理学——法哲学及其方法》，华夏出版社 1987 年版。

51. 【美】罗杰·科特威尔著，潘大松等译：《法律社会学导论》，华夏出版社 1989 年版。

52. 【法】亨利·莱维·布律尔著，许钧译：《法律社会学》，上海人民出版社 1987 年版。

53. 【美】埃尔曼著，贺卫方等译：《比较法律文化》，生活·读书·新知三联书店 1990 年版。

54. 【日】千叶正士著，强世功等译：《法律多元》，中国政法大学出版社 1997 年版。

55. 【美】昂格尔著，吴玉章等译：《现代社会中的法律》，中国政法大学出版社 1994 年版。

56. 【奥】凯尔森著，沈宗灵译：《法与国家的一般理论》，中国大百科全书出版社 1996 年版。

57.【德】K·茨威格特等，潘汉典等译：《比较法总论》，贵州人民出版社 1992 年。

58. 瞿同祖：《中国法律与中国社会》，中华书局 2003 年版。

59. 瞿同祖：《瞿同祖法学论著集》，中国政法大学出版社 1998 年版。

60. 马戎、周星主编：《田野工作与文化自觉（下）》，群言出版社 1998 年版。

61. 李鸣：《碉楼与议话坪——羌族习惯法的田野调查》，中国法制出版社 2008 年版。

62. 钱弘道：《经济分析法学》，法律出版社 2003 年版。

63. 周林彬、董淳锷：《法律经济学》，湖南人民出版社 2008 年版。

64. 高其才：《多元司法》，法律出版社 2009 年版。

65. 邓敏文：《神判论》，贵阳人民出版社 1991 年版。

66. 张冠梓：《论法的成长——来自中国南方山地法律民族志的诠释》，社会科学文献出版社 2002 年版。

67. 海乃拉莫、曲木约质、刘尧汉编著：《凉山彝族习惯法案例集成》，云南人民出版社 1998 年版。

68. 高其才：《中国少数民族习惯法研究》，清华大学出版社 2003 年版。

69. 张永和主编：《社会中的法理》（总第 1 卷），法律出版社 2010 年版。

70. 杨一帆、田涛主编，张冠梓点校：《中国珍稀法律典籍续编》第九册《少数民族法典法规与习惯法》，黑龙江人民出版社

2002 年版。

71. 张济民主编：《青海藏区部落习惯法资料集》，青海人民出版社 1993 年版。

72. 张济民主编：《渊源流近——藏族部落习惯法法规及案例辑录》，青海人民出版社 2002 年 9 月版。

73. 张济民主编：《寻根理枝——藏族部落习惯法通论》，青海人民出版社 2002 年版。

74. 张济民主编：《诸说求真——藏族部落习惯法专论》，青海人民出版社 2002 年版。

75. 高其才：《中国习惯法论》，湖南人民出版社 1995 年版。

76. 杨怀英、黄名述、程正宗等：《凉山彝族奴隶社会法律制度研究》，四川民族出版社 1994 年版。

77. 许章润主编：《犯罪——社会与文化》，广西师范大学出版社 2003 年版。

78. 梁漱溟：《中国文化要义》，上海世纪出版集团、上海人民出版社 2003 年版。

79. 周希武编著：《玉树调查记》，青海人民出版社 1986 年版。

80. 邢海宁：《果洛藏族社会》，中国藏学出版社 1994 年版。

81. 陈庆英主编：《藏族部落制度研究》，中国藏学出版社 1995 年版。

82. 本书编写组：《赫哲族简史》，黑龙江人民出版社 1984 年版。

83. 凌纯声著：《松花江下游的赫哲族》，中华民国二十三年，现藏于中央民族大学图书馆。

84. 民族问题五种丛书云南省编辑委员会编著:《独龙族社会历史调查》(二),云南民族出版社 1985 年版。

85. 中国科学院民族研究所、黑龙江少数民族社会历史调查组编:《黑龙江省饶河县西林子乡四排村赫哲族情况》,1958 年 8 月。

86. 全国人民代表大会民族委员会办公室编:《黑龙江胜抚远县下八岔赫哲民族乡情况》,现藏于中央民族大学图书馆,1958 年 5 月。

87. 陈金全、巴且日秋主编:《凉山彝族习惯法田野调查报告》,人民出版社 2008 年版。

88. 刘广安:《清代民族立法研究》,中国政法大学出版社 1993 年版。

89. 吕志祥:《藏族习惯法:传统与转型》,民族出版社 2007 年版。

90. 袁祖亮主编:《中国古代边疆民族人口研究》,中州古籍出版社 1999 年版。

91. 杨思斌:《功利主义法学》,法律出版社 2006 年版。

92. 李霞:《波斯纳:法律的经济分析》,黑龙江大学出版社 2009 年版。

93. 徐爱国、李桂林、郭义贵:《西方法律思想史》,北京大学出版社 2002 年版。

94. 王铭铭:《人类学是什么》,北京大学出版社 2002 年版。

95. 季卫东著:《法律程序的意义》,中国法制出版社 2004 年版。

96. 苏力:《法制及其本土资源》,中国政法大学出版社 1996

年版。

97. 梁治平：《清代习惯法：社会与国家》，中国政法大学出版社1996年版。

98. 季卫东：《法治秩序的建构》，中国政法大学出版社1999年版。

99. 胡庆钧：《凉山彝族奴隶制社会形态》，中国社会科学出版社1985年版。

100. 龚佩华：《景颇族山官制社会研究》，中山大学出版社1988年版。

101. 朱晓阳、侯猛主编：《法律与人类学》，北京大学出版社2008年版。

102. 刘俊文点校：《唐律疏议》，法律出版社1999年版。

103. 薛梅卿点校：《宋刑统》，法律出版社1999年版。

104. 怀校锋点校：《大明律》，法律出版社1999年版。

105. 田涛、郑秦点校：《大清律例》，法律出版社1999年版。

106. 王学辉：《从禁忌习惯到法起源运动》，法律出版社1998年版。

107. 国家民委五套丛书之一：《社会历史调查》系列。

108. 国家民委五套丛书之一：《民族简史》系列。

109. 徐中起等主编：《少数民族习惯法研究》，云南大学出版社1998年版。

110. 徐中起主编：《中国少数民族文化权益保障研究》，中央民族大学出版社2009年版。

（二）论文类

1. 苏永生：《国家刑事制定法对少数民族刑事习惯法的渗透

与整合》,《法学研究》2007 年第 6 期。

2. 刘广安:《传统习惯对清末民事立法的影响》,《比较法研究》1996 年第 1 期。

3. 高其才:《习惯法研究的路径与反思》,《广西政法管理干部学院学报》2007 年第 6 期。

4. 高其才:《习惯法与少数民族习惯法》,《云南大学学报(法学版)》2002 年第 3 期。

5. 张冠梓:《试论中国少数民族传统法文化的研究及其文献整理》,《法律文献信息与研究》2006 年第 2 期。

6. 苏力:《窦娥的悲剧——传统司法中的证据问题》,《中国社会科学》2005 年第 2 期。

7. 苏力:《当代中国法律中的习惯——一个制定法的透视》,《法学评论》2001 年第 3 期。

8. 李鸣:《西夏司法制度述略》,《西南民族大学学报》(人文社科版) 2003 年第 3 期。

9. 李鸣:《羌族婚姻习惯法的历史考察》,《比较法研究》2004 年第 4 期。

10. 苏钦:《民族风俗习惯与民族法制建设》,《中央民族大学学报》(哲学社会科学版) 1998 年第 5 期。

11. 苏钦:《唐明律“化外人”条辨析——兼论中国古代各民族法律文化的冲突和融合》,《法学研究》1996 年第 5 期。

12. 苏钦:《“苗例”考析》,《民族研究》1993 年第 6 期;

13. 杜文忠:《神判与早期法的历史演进》,《民族研究》2004 年第 3 期。

14. 牛绿花:《试论起誓(盟誓)在当代藏族农村生活中的

作用》，载张永和主编：《社会中的法理》（总第1卷），法律出版社2010年版，第298页。

15. 仁青：《吐蕃法律初探》，《西藏研究》1983年第4期，第77页。

16. 高仰光：《论日耳曼法中的赔命价制度》，《比较法研究》2006年第3期。

17. 孔玲：《“赔命价”考析》，《贵州民族研究》2003年第1期，第103页。

18. 顾建华：《青海蒙藏地区“赔命价”和“罚服”规范探析》，《青海社会科学》1990年第1期。

19. 陈光国：《试论藏区部落习惯法中的刑法规范》，《西北民族学院学报》（哲学社会科学版）1997年第3期。

20. 胡凯、何冰：《法经济学的两条研究路径》，《求索》2006年第6期。

21. 张济民：《藏区部落习惯法对现行执法活动的影响及对策建议》，《青海民族研究》1999年第4期；

22. 周相卿：《清代黔东南新辟苗疆六厅地区的法律控制》，《法学研究》2003年第6期；

23. 张群：《论元朝烧埋银的起源》，《历史教学》2002年12月。

24. 杨方泉：《民族习惯法回潮的困境及其出路——以青海藏区“赔命价”为例》，《中山大学学报》（社会科学版）2004年第4期。

25. 孙镇平：《西藏“陪命金”制度浅谈》，载《政法论坛》2004年第6期。

26. 吴剑平：《对藏族地区“赔命价”案件的认识和处理》，《法律科学》1992 年第 4 期。

27. 辛国祥、毛晓杰：《藏族赔命价习惯与刑事法律的冲突及立法对策》，《青海民族学院学报》（社会科学学报）2001 年第 1 期。

28. 索端智：《关于“赔命价”与先行法律相协调的探讨》，《青海民族研究》（社会科学版）季刊 1993 年第 1 期。

29. 张致弟：《新时期藏族赔命价方式及治理对策》，《青海民族学院学报》（社会科学版）1998 年第 4 期。

30. 徐澄清：《关于“赔命价”、“赔血价”问题的法律思考和立法建议》，《人大研究》1999 年第 8 期。

31. 高仰光：《论日耳曼法中的赔命价制度》，《比较法研究》2006 年第 3 期。

32. 朱全景：《法经济学：法律的经济分析和经济的法律分析》，《法学杂志》2007 年第 3 期。

33. 种明钊、顾培东：《西方法经济学评介》，《法学季刊》1985 年第 2 期。

34. 信春鹰：《美国的经济分析法学派》，《法学研究》1986 年第 3 期。

35. 张文显：《战后西方法哲学的发展和一般特征》，《法学研究》1987 年第 3 期。

36. 王育才：《法律经济学初探》，《法学研究》1994 年第 5 期。

37. 史晋川、朱慧：《法经济学在中国的新进展》，《经济研究》2006 年第 6 期。

38. 钱弘道：《法律经济学和中国法律改革、未来中国法学》，《法律科学》2002 年第 4 期。

39. 魏建：《理性选择与法经济学的发展》，《中国社会科学》2002 年第 1 期。

40. 王哲、郭义贵：《效益与公平之间——波斯纳的法律经济学思想评析》，《北京大学学报》（哲学社会科学版）1999 年第 3 期。

41. 冯玉军：《法经济学范式的知识基础研究》，《中国人民大学学报》2005 年第 4 期。

42. 徐中起：《民族法研究的理论意义》，《思想战线》1994 年第 4 期。

（三）博士论文

1. 魏建：《当代西方法经济学的分析范式研究》，西北大学博士论文，2001 年 3 月。

2. 王立艳：《民国西藏法制研究》，中国政法大学博士论文，2002 年 3 月。

3. 甘措：《藏族法律文化研究》，中央民族大学博士论文，2005 年 3 月。

4. 李剑：《论凉山彝族的纠纷解决》，中央民族大学博士学位论文，2010 年 3 月。

二、外文类

（一）外文专著

1. Avery Wiener Katz, Foundations of the Economic Approach to Law（1998）.

2. Jeffrey L. Harrison, Law and Economics (2000).

3. H. L. A. Hart, Punishment and Responsibility (1968).

4. M. J. L. Hardy, Blood Feuds and the Payment of Blood Money in the Middle East (1963).

(二) 外文论文类:

1. Harold J. Berman, "The Background of the Western Legal Tradition in the Folklaw of the Peoples of Europe", 45 university of Chicago Law Review (1978).

2. Richard A. Posner, "A Theory of Primitive Society, with Special Reference to Law," 23 Journal of Law and Economics (1980).

3. Reuven Renner, "A Theory of Development, or Markets and Human Capital in Primitive Societies" (New York University, Department of Economics, Jan. 1980).

后　记

本书是在我的博士论文的基础上修改而成的。

法律经济学在我国的传播是最近二三十年的事。客观地说，该学科的整体研究有待进一步深入。作为该方法的初学者，虽然尽了最大的努力，但在写作过程中仍时常感到力不从心。经济学和法律经济学都说“理性预期”，我在写作中遇到的困难也是明显超出预期的。本书能够最终成形，要特别感谢我的导师徐中起教授。选题之初，我一度想要放弃，因为这个选题对我而言具有很大的挑战性。但导师的鼓励，让我坚持了下来。接下来的构思、写作、修改每个环节都包含着导师的悉心指导。在博士研究生三年的学习中，导师给予了无限的关爱、教诲。导师的为人为学，是难得的学习楷模。在本书即将出版之际，向导师表达我的敬意。

在此，我要对本书做一些正文中未曾交代，也不方便放在正文中的内容进行简要的说明。冯友兰先生说，哲学有照着讲和接着讲两种讲法。现在，这一提法被广泛接受，我在此也借用一下。我必须说本书的一部分是照着讲的，如信息费用理论、风险分摊理论就来自波斯纳的研究，集体狩猎、集体耕种的一些理论则来自马丁·J·贝利的研究。但是，我努力在照着讲之后，也能在一定程度上做到接着讲。以第二章的内容为例，波斯纳在他的著作中提到了严格责任制与信息成本的关系，但只是一句话，完全没有展开论述。在此基础上，运用法律经济学的基本理论展开相关研究。类似的，年龄区分、性别区分与信息成本关系来源于波斯纳的研究，但卡里斯玛统治与信息成本的关系研究则是的研究成果。此外，也有部分具有开创性的研究成果。如沉默交易与交易成本的关系、“赔命价”制度变迁与交易成本的关系以及“赔命价”制度的成本分析等。做这些说明，希望能够有助于读者分辨知识来源。

接下来，我要感谢我的亲人，包括我的外公外婆、父母亲、舅舅、姨父。他们一直以来所给予的帮助和鼓励，使我有机会、有信心能够完成学业。外婆一直对我疼爱有加。不幸的是，她老人家已经仙去，不能再亲眼看到我的进步了。因此，我要将此书献给我的外婆，希望她老人家在天有灵，能为我高兴。小姨父也天不假年，希望他能在天堂里幸福的生活。

我要感谢我的妻子孙娟菲。她一个人在家上班待产，而我却在千里之外忙着书稿的最后写作。她的理解和支持，使我能在此安心写作。

最后，我要感谢李鸣教授、高其才教授、刘广安教授、张冠梓教授、苏钦教授、匡爱民教授、熊文钊教授、乔世明教授、韩轶教授的指导，感谢法学院领导严奉姬书记、王瑛老师、李思川老师及法学院其他所有老师的帮助。我要感谢田艳、戴双喜、郑其猛、刘华等师兄师姐，他们给了我很多帮助。我要感谢于世清、陈小华、周强、吴勇辉等同学，他们都很关照我。我要感谢周启萌等师弟师妹，他们帮我校对了书稿。

游志能

2011 年 6 月 30 日凌晨

于中央民族大学 8 号学生公寓